W0084441

UEBERREUTER
WIRTSCHAFT

Tanja Baum

Die Kunst, freundlich »Nein« zu sagen

Konsequent und positiv durch Beruf und Alltag

UEBERREUTER
WIRTSCHAFT

Die Deutsche Bibliothek – CIP-Einheitsaufnahme

Baum, Tanja
Die Kunst, freundlich nein zu sagen : Konsequent und positiv
durch Beruf und Alltag / Tanja Baum. –
Frankfurt/Wien : Wirtschaftsverlag Ueberreuter, 2001
       ISBN 3-7064-0805-8

Unsere Web-Adressen:

http://www.ueberreuter.at
http://www.ueberreuter.de

1 2 3 / 2003 2002 2001

Umschlag: INIT, Büro für Gestaltung, Bielefeld
Copyright © 2001 by Wirtschaftsverlag Carl Ueberreuter, Frankfurt/Wien
Druck: FINIDR, s.r.o.
Printed in the Czech Republic

Inhaltsverzeichnis

Danksagung

Der geneigte Leser möge nicht glauben, dass sich ein solches Buch ohne Hilfe Dritter schreiben lässt.
Ich konnte und brauchte es jedenfalls nicht, denn ich fand diese Hilfe.
Ganz herzlich bedanken möchte ich mich bei:

meiner Kollegin und Mitarbeiterin Maria Meise für die Mithilfe an der Entwicklung des Buches

Tanja Päßler und Maren Wesselmann für ihre wertvollen praktischen Beiträge und Unterstützung

Gudrun Leuffen, für ihre Mitarbeit an anderen Projekten, die mir Ideen für dieses Buch gaben

meiner Schwester Sigrid Baum und meiner Mutter Marga Baum, für ihren Zuspruch und Ratschläge, die mich begleitet und angespornt haben.

Dank Euch allen von ganzem Herzen.

Tanja Baum   im August 2001

Vorwort

Hand aufs Herz, sind sie nicht beneidenswert, diese Menschen, die die Kunst beherrschen, freundlich Nein zu sagen – und der Andere fühlt sich trotz des Neins auch noch angenommen und ist nicht im Geringsten böse? Sicher sind sie das.

Und – gehören Sie zu diesen Menschen, denen ein freundliches Nein leicht von der Zunge geht? Wahrscheinlich nicht.

Wieso eigentlich nicht?

Weil es so schwer ist.

Schließlich wollen Sie den anderen nicht vor den Kopf stoßen, wollen beliebt sein und sich für andere gern ein Bein ausreißen. Und, wenn Sie einmal ganz ehrlich zu sich selbst sind, weil Sie einfach nicht wissen, wie das denn gehen soll. Oder gehören Sie zu denen, die ihr Nein so selbstbewusst formulieren, dass es unfreundlich klingt?

Nun, das wird sich mit der Lektüre dieses Buches ändern. Dann ist es vorbei mit dem Herumstottern, wenn Sie etwas absagen wollen. Vorbei mit dem Ja sagen, wenn Sie doch eigentlich genau das Gegenteil wollen. Und es ist vorbei mit der Unfreundlichkeit, die immer wieder auf die Kosten der anderen geht. Dann wissen Sie, worauf es ankommt.

So einfach ist das?

Ja, so einfach ist es.

1 Warum es schwer fällt, freundlich Nein zu sagen

Nein zu sagen, fällt vielen Menschen schwer. Ein Nein so zu verpacken, dass es den anderen nicht vor den Kopf stößt und dennoch klar und deutlich Nein bedeutet, scheint eine Kunst zu sein. Die Kunst ist, seine eigenen Ziele und Wünsche durchzusetzen ohne dabei andere zu verletzen. Freundlich Nein sagen stellt hohe Anforderungen an die Kommunikationsbereitschaft des Einzelnen.

Wer hat überhaupt Schwierigkeiten ein „freundliches Nein" zu formulieren? Woran erkennen Sie, ob Sie diese Kunst beherrschen? Oder ob Ihr Gesprächspartner darin unsicher ist? Die Unfähigkeit ein Nein freundlich auszudrücken, liegt meist darin, dass viele von uns bereits Schwierigkeiten haben, überhaupt Nein zu sagen. Dies kann sich in unterschiedlichen Verhaltensweisen zeigen:

⊙ Da ist der Mensch, der viel zu schnell und häufig Ja zu den Bitten anderer sagt, obwohl er sie gar nicht erfüllen will. Ein Mensch, auf den sich die anderen gern verlassen und dies auch ausnutzen.

⊙ Der andere dagegen reagiert auf eine Bitte, der er nicht nachkommen möchte, häufig mit einer schroffen und ablehnenden Antwort. Diese Menschen werden von anderen, aufgrund ihrer unangenehmen Reaktion, nicht mehr gern gefragt und eher in Ruhe gelassen.

⊙ Wieder ein anderer scheint sich nicht klar ausdrücken zu können. Bei jeder Bitte kämpft er einen inneren Kampf. Seine Antwort ist besonders lang und am Ende weiß niemand: „Hat er jetzt Ja oder Nein gesagt?". Formulierungen wie: „Eigentlich nicht", „Das ist ein bisschen ungünstig" und „Das passt mir jetzt nicht richtig", lassen immer wieder Hintertürchen offen.

Es sind also nicht nur die Jasager, die Schwierigkeiten haben sich gegenüber anderen abzugrenzen. Gerade diejenigen, die sehr schnell, kurz und scharf eine Bitte ablehnen, haben ihre Probleme damit. Diese Reaktion kommt aus der Angst heraus, überredet zu werden. Es ist Unsicherheit, es fehlt an Selbstbewusstsein, das eigene Nein zu vertreten. Die Strategie ist: Schnell raus mit dem Nein, und so formulieren, dass der andere sich nicht mehr traut nachzuhaken. Auf diese Weise wird mit unfreundlichem Verhalten die eigene Unsicherheit überspielt.

Es muss nicht immer eine generelle Eigenschaft des Einzelnen sein, gut oder schlecht Nein sagen zu können. Wir alle kennen Situationen, in denen es uns leicht oder auch ganz besonders schwer fällt Nein zu sagen. Da gibt es Menschen, die sich beruflich hervorragend durchsetzen können, in ihrem Privatleben jedoch Schwierigkeiten haben sich abzugrenzen. Besonders auffällig ist es, wenn man nur bei bestimmten Personen nicht Nein sagen kann und sich immer wieder darüber ärgert.

Ob es sich nun um eine generelle Eigenschaft oder um eine situationsbedingte handelt, ist zweitrangig. Viel wichtiger ist es zu erkennen, wie man selbst reagiert und den Versuch startet, sein eigenes Nein sagen zu verbessern. Mit dem Ziel, sich ohne Schuldgefühle selbst zufrieden zu stellen und den eigenen Wünschen nachzukommen – ohne dabei den anderen vor den Kopf zu stoßen.

1.1 Ein Nein hat Konsequenzen

„Wenn ich jetzt dem Kunden keine positive Zusage mache, wird er sich direkt bei meinem Vorgesetzten beschweren." „Wenn ich diese Aufgabe ablehne, wird mir bestimmt gekündigt." „Wenn ich heute Abend nicht mit ihr ausgehe, ist sie bestimmt enttäuscht."

Es wäre falsch zu behaupten, ein „freundliches Nein" veranlasse Ihre Mitmenschen auf jeden Fall zu einer angenehmen Reaktion, und alle Ihre Befürchtungen lösten sich in Luft auf. Mit Ihrer deutlich geäußerten Ablehnung rufen Sie natürlich eine Reaktion hervor, der Sie sich stellen müssen. Eine freundliche Kommunikation Ihrerseits schafft jedoch eine bessere Ausgangsposition. Ihr Nein hat immer Konsequenzen. Für Sie selbst und für Ihr Gegenüber. Machen Sie sich über die Konsequenzen Ihres Neins realistisch Gedanken. Es liegt oft ein großer Unterschied dazwischen, wie Sie sich aufgrund Ihrer eigenen Situation die möglichen Folgen Ihres Neins vorstellen und wie Ihre Umwelt tatsächlich reagiert.

Für Menschen, die zu häufig Ja sagen, gilt: Je länger Sie vermeiden, sich in einer gewissen Situation abzugrenzen, um so weniger können Sie die tatsächlichen Reaktionen Ihrer Mitmenschen einschätzen. Statt konkrete Erfahrungen zu sammeln und sich den Reaktionen im Gespräch zu stellen, fangen die Gedanken an zu kreisen. Je nach Persönlichkeit oder lange zurückliegenden negativen Erlebnissen können diese Gedanken durchaus erschreckende Ausmaße annehmen. Mit solchen Gedanken gelangen Sie zum Schluss in einen Teufelskreis. Sie wissen nicht, wie Ihre Umwelt tatsächlich reagiert, haben aber mittlerweile so schlimme Befürchtungen, dass Sie sich nicht mehr trauen, ein Nein zu formulieren.

Betrachten wir das Beispiel von Anja. *Sie ist als Sekretärin für drei Abteilungen zuständig. Alle drei Abteilungsleiter wenden sich mit ihren Aufträgen an sie. Das Aufgabengebiet ist umfangreich, aber zu bewältigen. Trotzdem häufen sich bei Anja die Schwierigkeiten, die jeweiligen Arbeiten pünktlich fertig zu stellen. Heute hat es mit der pünktlichen Abgabe wieder einmal nicht geklappt. Zuerst kam Herr Müller: „Diesen Bericht benötige ich in fünffacher Ausfertigung für das Meeting heute Nachmittag. Klappt das bis 15.00 Uhr?" „Ja, natürlich. Bis 15.00 Uhr liegen die Kopien des Berichts auf Ihrem Tisch." Herr Petersen hatte ein anderes Anliegen: „Schaffen Sie es bis heute Nachmittag, die Bestätigungen zu schreiben und zu versenden? Wir sind schon viel zu spät dran. Es müsste heute noch dringend rausgehen." „Kein Problem, das schaffe ich schon." Auch Frau Melzer hatte nebenbei etwas Dringendes: „Hallo Anja. Seien Sie doch bitte so gut und machen Sie die Rechnung für Herrn Schmidt fertig. Er kommt gleich vorbei, um sie abzuholen. Aber vergessen Sie es nicht, er ist schon ein wenig ärgerlich, weil wir so knapp dran sind." Anja reagiert unsicher: „Ich habe da eigentlich noch was anderes auf Termin liegen ..." Frau Melzer leicht verärgert: „Es ist wirklich dringend, das müssen Sie schaffen." „Gut. Ich werde mich sofort daran setzen." Frau Melzer wieder beruhigt: „Anja, Sie sind wirklich ein Schatz!"*

Anja weiß, dass es nicht zu schaffen sein wird, die Aufgaben zu den geforderten Zeiten fertig zu stellen. Trotzdem versucht sie es, um nur ja keinen zu verärgern. Das Ergebnis ist allgemeiner Unmut. Die Unterlagen erreichen das Meeting verspätet. Die Bestätigungen gehen erst am nächsten Tag heraus und Herr Schmidt musste doch noch länger auf seine Rechnung warten. Als einer der drei Abteilungsleiter Anja am nächsten Tag auf die Verzögerungen anspricht, bekommt Anja Schweißausbrüche. „Ich habe es versucht. Es war einfach zu viel." Darauf die berechtigte Antwort des Abteilungsleiters: „Warum haben Sie uns denn nicht vorher gesagt, dass es zuviel ist? Was nützt es uns, dass Sie es versucht haben?

Was hat dazu geführt, dass die Situation am Ende eskalierte, obgleich Anja es ja nur gut gemeint hat? Welche Konsequenzen hat Anja erwartet? In dem Moment, als alle Abteilungsleiter ihre Aufgaben an Anja verteilten, sind verschiedene Gedanken bei ihr aufgekommen: „Es ist doch so dringend. Was ist, wenn ich sage, dass ich die Aufgaben nicht schaffe? Man hält mich dann doch für unfähig und für zu langsam. Werden sie sich dann eine andere Sekretärin suchen? Sie werden mir bestimmt irgendwann kündigen. Wie stehe ich dann da? Wer bezahlt dann meine Wohnung? Was werden die anderen dazu sagen? Alle werden mich für einen Versager halten. Ich muss das schaffen. Ich kann nicht ablehnen."

Anja ist durch ihr Ja sagen in einen Teufelskreis geraten. Sie hat es aus Angst versäumt, frühzeitig die Abteilungsleiter mit einem Nein zu konfrontieren. Die gesamte Arbeit lag bei ihr. Und irgendwann war nur noch sie an den Versäumnissen schuld. Hätte sie direkt ihre Grenzen aufgezeigt, wäre wahrscheinlich keiner wirklich enttäuscht von ihr gewesen. Gemeinsam hätte man eine bessere Lösung suchen können. Die Verantwortung für das Gelingen der Aufgaben hätte nicht mehr nur bei Anja gelegen. Aber Anjas Gedanken spielten ihr einen Streich. Sie befürchtete Konsequenzen auf ihr Nein, die nicht realistisch waren. Hätte sie sich frühzeitig den Reaktionen darauf gestellt, hätte sie wahrscheinlich am Ende eine bessere Erfahrung gemacht.

Anjas Erlebnis ist ein Beispiel dafür, was in solchen Situationen passieren kann. Abhängig von der eigenen Persönlichkeit treten die unterschiedlichsten Ängste auf. In vielen Fällen können sie überzogen und unrealistisch sein. Ein solches „Katastrophendenken" führt dazu, jeder Bitte nachzukommen, sich jedes noch so unmögliche Verhalten gefallen zu lassen und die eigenen Bedürfnisse völlig hintanzustellen.

Wegen solcher und anderer Befürchtungen wird ein Nein nicht mehr ausgesprochen. Statt dessen reagieren viele mit einem raschen: „Ja, natürlich".

Als Folge davon kann die betreffende Person nie herausfinden, ob und welche Konsequenzen ihr Nein tatsächlich gehabt hätte. Sie bringt dann auch irgendwann nicht mehr den Mut und die Energie auf, ihr Nein zu ihrem Vorteil zu nutzen. Viele Chancen, eine Situation selbst in die Hand zu nehmen und für sich zu nutzen, bleiben verwehrt.

Man kann sich nicht „nicht verhalten"

Machen Sie sich bewusst, das jedes Verhalten Konsequenzen mit sich bringt. Man kann sich nicht „nicht verhalten". Egal, ob jemand in einer Situation mit einem Nein oder mit einem Ja reagiert, das Verhalten wird immer irgendwelche Folgen haben. Selbst wenn Sie gar nichts sagen, wird die Umwelt dieses Nichtssagen interpretieren und beispielsweise als schweigende Zustimmung auslegen. Wir alle werden in unserem Leben ständig mit einer Vielzahl von Erfahrungen konfrontiert oder hören von den Erfahrungen anderer Personen. Deshalb machen wir uns oft schon im Vorfeld eine Vorstellung über mögliche Konsequenzen und Reaktionen. Es sind aber nicht nur Erfahrungen, sondern auch unsere Wünsche, unsere Ängste und die persönliche Sichtweise einer Situation, die unsere Erwartungen beeinflussen. Jeder nimmt eine Situation anders wahr. Eine absolut objektive Sichtweise gibt es nicht. Bestimmt haben Sie schon erlebt, dass Sie eine Situation selbst als sehr bedrohlich erleben, während ein anderer sie als völlig harmlos empfindet.

Alle möglichen Reaktionen auf ein Nein sind denkbar. Nicht alle treten aber mit der gleichen Wahrscheinlichkeit auf. Es gibt erwartete Reaktionen auf ein Nein, die realistisch sind, das Eintreten anderer Reaktionen dagegen ist recht unwahrscheinlich.

Ja oder Nein – kurz- und langfristige Konsequenzen

Werden wir plötzlich aufgefordert etwas zu tun, sind wir gezwungen schnell eine Antwort zu geben. Es bleibt wenig Zeit, uns über die Folgen unseres Verhaltens klar zu werden. So sind es in erster Linie die kurzfristigen Konsequenzen, die uns im Moment in den Sinn kommen. Je nachdem, wie wir die Konsequenzen einschätzen und gewichten, reagieren wir. Vielen Menschen ist es wichtig, möglichst schnell ein positives Ergebnis für sich zu erzielen, und sie verhalten sich entsprechend. Aber wie so oft ist nicht immer der kürzere Weg der bessere, und die langfristigen Konsequenzen sind zumeist die bedeutsamen.

Machen wir uns am Beispiel von Anja die Unterscheidung von kurz- und langfristigen Konsequenzen ihres Verhaltens deutlich:

Kurzfristige Konsequenzen	Langfristige Konsequenzen
I	**II**
⊙ Direkte Anerkennung; Lob. ⊙ Positive Rückmeldung von den Kollegen und Vorgesetzten. ⊙ Konflikte werden vermieden. ⊙ Freude, eine andere Person zufrieden gestellt zu haben. ⊙ Eigenes Selbstwertgefühl steigt. ⊙ Negativen Erwartungen wird durch Ja sagen vorgebeugt. ⊙ Aufrechterhaltung der Harmonie.	⊙ Viele soziale Kontakte. ⊙ Ruf einer „guten Seele", auf die man immer zählen kann. ⊙ Gefahr steigt, ausgenutzt zu werden (Helfersyndrom). ⊙ Aufgeschobene Konflikte eskalieren. ⊙ Gefühl der Überforderung und Hilflosigkeit nimmt zu. ⊙ Übernommene Aufgaben werden nicht mehr bewältigt. ⊙ Allgemeine Leistungsfähigkeit sinkt. ⊙ Eigene Aggressivität steigt. ⊙ Respektverlust der anderen. ⊙ Gesundheitliche Schäden. ⊙ Verlust der Arbeitsstelle.
III	**IV**
⊙ Unangenehme Gefühle. ⊙ Körperliche Reaktionen wie: Schwitzen, Unruhe, Erröten, Kurzatmigkeit. ⊙ Kurzzeitiger Sympathieverlust. ⊙ Äußerung von Kritik. ⊙ Inkompetent wirken. ⊙ Enttäuschung der anderen. ⊙ Auseinandersetzungen und Diskussionen werden ausgelöst. ⊙ Drohender Verlust der Arbeitsstelle.	⊙ Möglicher Verlust von Sozialkontakten. ⊙ Auf Dauer realistische Einschätzung eigener Möglichkeiten. ⊙ Akzeptanz und Respekt aus der Umwelt. ⊙ Bildung von klaren Grenzen. ⊙ Stabiles Selbstwertgefühl.

The left margin labels: **Ja sagen** (rows I/II), **Nein sagen** (rows III/IV).

Wie die Tabelle zeigt, ist es sinnvoll, zwischen den kurz- und langfristigen Folgen des Verhaltens zu unterscheiden. In unserem Beispiel ist Anja eine ständige Jasagerin. Die unmittelbaren Folgen eines Neins erscheinen für sie weitaus unangenehmer als die Folgen eines Ja. Daher fällt es ihr auch so schwer, den Kollegen ihre Grenzen aufzuzeigen. Sagt sie Ja, bekommt sie direkte Anerkennung durch ihre Vorgesetzten. Niemand stellt ihr Ja in Frage. Die Harmonie untereinander ist für den Moment gewährleistet. Mit einem Nein würde Anja selbst eine Konfliktsituation schaffen. Von sich aus aktiv, würde Anja eine Auseinandersetzung herbeiführen, in der sie die Wünsche der anderen nicht erfüllt. Dies bedeutet eine kurzfristige Verschlechterung der Beziehung. Im ersten Moment erscheint die Wahl, lieber Ja zu sagen, durchaus angenehmer. Doch wie Anjas Beispiel zeigt, lohnt es sich, sich der Auseinandersetzung aktiv zu stellen und die positiven langfristigen Folgen des Neins für sich zu nutzen. Gerade das, was Anja auf jeden Fall vermeiden wollte, nämlich Verlust von Anerkennung bis hin zum Verlust der Arbeitsstelle, tritt als langfristige Folge des ständigen Ja sagens auf. Das Aufzeigen ihrer Grenzen hätte ihr auf Dauer mehr Akzeptanz und Sympathie bei ihren Vorgesetzten eingebracht.

Einfluss auf kurzfristige Konsequenzen

So unangenehm die kurzfristigen Konsequenzen auch scheinen mögen, man kann doch Einfluss auf sie nehmen.

Wie der Titel des Buches verspricht, geht es hier nicht nur um das Nein sagen an sich, sondern um die vielfältigen Möglichkeiten ein Nein positiver auszudrücken. So kann Anja nicht nur zwischen Ja und Nein wählen, sondern auch die Art und Weise, wie sie das Nein formulieren will, beeinflussen. Sie kann sich für eine Kommunikation entscheiden, die freundlich ist und nicht als „Kampfansage" bei ihren Vorgesetzten ankommt.

⮌ Die eigene Person

Es liegt zum großen Teil am Auftreten der eigenen Person, wie das Umfeld auf ein Nein kurzfristig reagiert. Man kann sich vorstellen, das ein knappes und hart formuliertes Nein eher auf Unverständnis beim Gegenüber stößt. Schnell wird dieses Verhalten als fehlende Hilfsbereitschaft, Antipathie, Gleichgültigkeit oder Ablehnung interpretiert. Mit Hilfe der Körpersprache, der Art des Sprechens, der Wortwahl und des gesamten Auftretens kann ein Nein verbindlich und dennoch bestimmt formuliert werden. Die Reaktion der Umwelt fällt dann weniger scharf aus.

⊃ Die Situation

Die Reaktionen auf ein Nein sind natürlich auch unterschiedlich. Jede Situation ist in einen Kontext eingebettet. Hier spielen Zeit, Ort, Anwesenheit von Personen, Bekanntheitsgrad, Zielsetzungen, etc. eine Rolle. So werden die kurzfristigen Reaktionen von Anjas Vorgesetzten auch davon abhängen, wie sie Anja bisher erlebt haben. Ist Anja bereits seit vielen Jahren im Unternehmen? Hat sie sich bisher als zuverlässige Mitarbeiterin bewiesen? Oder sind solche Situationen schon häufiger vorgekommen?

Die kurzfristigen Konsequenzen werden allerdings auch von weiteren Umständen beeinflusst, die man nicht immer verändern kann.

⊃ Die Erwartungen

Ein Nein muss als solches auch beim Gesprächspartner ankommen. Wer oftmals halbherzig Ja sagt und seine Umgebung daran gewöhnt, kann nicht erwarten, dass alle auf ein einmal formuliertes Nein gleich wie erhofft reagieren. So versucht Anja auch zuerst die Arbeit von Frau Melzer abzulehnen. Frau Melzer hat jedoch die Erwartung, dass diese Aufgabe erledigt werden muss und zwar von Anja. Nach Anjas zögerlichem Nein übt sie Druck aus, dem Anja dann nicht standhalten kann. Die erste Reaktion von Frau Melzer auf Anjas Ablehnung fiel nicht positiv aus. Daraufhin gab Anja den Erwartungen nach.

Auch die Persönlichkeit des Gesprächspartners spielt eine Rolle. Welcher Typ ist der andere? Akzeptiert er ein Nein? Kann er überhaupt mit einem Nein umgehen?

Seien Sie nicht erschrocken oder enttäuscht, wenn auf das eigene, noch so freundlich vorgebrachte Nein eine negative Reaktion kommt. Wir können mit unserem Verhalten Reaktionen zwar beeinflussen, aber nicht hundertprozentig steuern.

Einfluss auf die langfristigen Konsequenzen

Wie Anjas Fallbeispiel zeigt, ist plötzlich der Punkt erreicht, wo nichts mehr geht und die befürchtete Situation doch eintritt. Was sind nun die langfristigen Folgen des ständigen Ja?

⊙ Anja hinterlässt einen schlechten Eindruck bei ihren Kollegen. Sie ist nicht in der Lage, ihre Ressourcen und Kräfte sinnvoll zu überblicken und einzusetzen.

⊙ Die Vorgesetzen sind verärgert. Anja hat die Aufgaben übernommen und nicht, wie versprochen, fertig gestellt, so dass den anderen Unannehmlichkeiten entstanden sind.

⊙ Anja sieht sich einer enormen Belastung ausgesetzt, die sich auch auf ihre gesundheitliche Verfassung auswirken kann.

⊙ Spätestens jetzt ist die Arbeitsstelle wesentlich mehr gefährdet, als wenn Anja direkt ihre Grenzen aufgezeigt hätte.

Für alle Beteiligten wäre es deshalb besser gewesen,

⊙ die Fakten frühzeitig deutlich zu machen,

⊙ gemeinsam nach einer Lösung zu suchen.

Auch wenn Anja einige Aufgaben ablehnen muss, kann sie sich dennoch an deren Erledigung beteiligen, indem sie Alternativen für die Durchführung anregt. Wenn die anderen merken, dass es Anja nicht egal ist, was mit den Arbeitsaufträgen passiert, wird die Situation auch nicht eskalieren. Gleichgültigkeit ist es, die die meisten Menschen ärgerlich macht.

1.2 Die Angst, den anderen zu verletzen

Viele haben Angst, etwas Falsches zu sagen oder zu tun und dabei jemanden zu verletzen. Daher ist es zuweilen recht verführerisch, sich in eine mehr oder weniger passive Rolle zurückzuziehen. Statt die Situation selbst in die Hand zu nehmen, wird vorsichtig abgewartet, was der andere wohl tut.

Entgegen allen Befürchtungen wirkt das Nein auf den anderen meistens gar nicht so verletzend, wie man sich das vorstellt. Möglicherweise ist der andere nicht gekränkt, wenn seine Bitte abgelehnt wird. Nur Sie haben das schlechte Gewissen, weil in Ihrem eigenen Kopf das Nein dramatische Dimensionen annimmt. Indem man einem anderen gegenüber ein Nein formuliert, stellt man die eigene Meinung, die eigenen Ziele vor die des anderen. In vielen Situationen enttäuscht man den anderen damit. Dies ist auch für den Neinsager unangenehm. Wer möchte schon andere enttäuschen? Viel schöner ist es doch, anderen eine Freude zu machen. Da passiert es leicht, dass die eigene Meinung hintangestellt wird oder man doch zu etwas Ja sagt, auch wenn man eigentlich Nein sagen will.

Je besser Sie die Kunst beherrschen, Ihr Nein freundlich und verbindlich zu gestalten, desto weniger werden Sie Gefahr laufen, den anderen wirklich zu verletzen.

1.3 Der Tanz um den heißen Brei

„Ja, Du, eigentlich hatte ich heute schon etwas anderes vor, also, wenn es nicht anders geht, vielleicht gibt es noch eine andere Möglichkeit?"

Ein halbes Nein kommt oft nicht an. Trotzdem besteht die Hoffnung, der andere werde das Nein schon irgendwie aus dem „Tanz um den heißen Brei" heraushören. Die erwartete Antwort würde dann in etwa lauten: „Ich merke schon, es passt Dir im Moment nicht. Ist schon in Ordnung, ich werde eine andere Lösung finden."

Doch zu dieser „Wunschantwort" kommt es leider selten. Die wenigsten können oder wollen zwischen den Zeilen lesen. Was der andere aus vermeintlicher Höflichkeit und Unsicherheit unklar ausdrückt, wird gern zum eigenen Vorteil gedeutet. Menschen sind im Rätselraten eben doch nicht so gut, vor allem, wenn es dabei um die eigenen Interessen geht. Wir nehmen oftmals nur das wahr, an dem wir auch interessiert sind. So wird aus dem unsicher formulierten Nein ein Ja herausgehört. Oder die Antwort gibt Hoffnung, den anderen doch noch zu einem Ja bewegen zu können. Das unsichere Nein wird als unsicheres Ja interpretiert: „Toll, dass du mitmachst. Man kann sich wirklich immer auf dich verlassen. Du bist ein Schatz!" Durch die Äußerung von Lob und Dank wird der herausgehörten Unsicherheit des Ja entgegengewirkt.

Eine weitere Form des „Tanzes um den heißen Brei" ist die Rechtfertigungsmethode. Die Formulierungen entstammen dem eigenen, schlechten Gewissen und können im Extremfall selbst beschuldigende Züge annehmen: „Also wirklich, es tut mir unendlich leid, und ich bin untröstlich. Eigentlich hatte ich schon etwas anderes vor und ..." Dann folgt eine wortreiche Erklärung, warum man den Urlaub nicht tauschen kann. Oder Sätze wie: „Du hältst mich jetzt vielleicht für eine hartherzige Ziege, aber ich muss jetzt leider Nein sagen."

Diese Art von Rechtfertigungen und in Frage stellen der eigenen Person laden dazu ein, das Nein zu überhören und es noch einmal zu versuchen. Schließlich hat der Gesprächspartner Argumente ins Spiel gebracht, die nun diskutiert werden können. Gründe für die Ablehnung aufzuführen, ist sehr sinnvoll. Sie ermöglichen, dass der andere Verständnis für das Nein aufbringen kann. Dabei braucht man sich jedoch nicht vor dem anderen klein zu machen. Ebenso unschön ist es, vor lauter Ausreden nachher selbst die wahren Gründe nicht mehr zu kennen.

Zum Ja sagen manipulieren

Je halbherziger ein Nein formuliert wird, desto größer wird die Gefahr der Manipulation. Es gibt verschiedene Methoden, schwankende Menschen zu einem halbherzigen Ja zu bewegen:

⊃ Appell an das Mitleid

„Ich habe nur in dieser einen Woche die Möglichkeit, mit Peter zu verreisen. Und wir haben uns so darauf gefreut. Bitte lass' mich jetzt nicht hängen!" Hier wird das Verantwortungsgefühl angesprochen, der einzige Rettungsanker zu sein. Gerade sensible, einfühlsame Menschen fühlen sich durch diesen Druck schnell in die Enge getrieben und sagen deshalb, entgegen ihren eigenen Bedürfnissen, Ja.

⊃ Unterstellen von Egoismus und Selbstsucht

Eine beliebte Methode, ein schlechtes Gewissen zu vermitteln: „Prima, Hauptsache, du selbst musst keinen Finger mehr rühren als unbedingt nötig. Aber in Ordnung, dann kann ich heute halt nicht früher weg und muss die Karte verfallen lassen." Oder: „Ihnen ist es wohl egal, dass ich auch noch ein Privatleben habe. Dann kann ich ja meinen gebuchten Urlaub wohl vergessen. Hauptsache, Sie haben Ihr Projekt durchgezogen."

⊃ Die menschliche Enttäuschung

„Oh je, ich habe ganz fest mit deiner Zusage gerechnet. Ich bin sehr enttäuscht von dir." Oder: „Bisher war ich mit Ihren Leistungen immer ganz zufrieden gewesen. Aber jetzt kann ich mich anscheinend nicht mehr auf Sie verlassen."

Frei übersetzt bedeuten diese Äußerungen: „Ich hatte bisher ein positives Bild von Ihnen/deiner Leistung/deiner Person, aber ich scheine mich doch in meiner Einschätzung geirrt zu haben." Diese Form der Manipulation rückt den Neinsager in die Defensive, indem Behauptungen aufgestellt werden.

➲ Argumentation wird nicht akzeptiert

„Das sind doch keine ernst zu nehmenden Argumente, die Sie hier vorbringen." Oder: „Das sagen Sie jetzt doch nur, weil Sie in Wirklichkeit keine Lust dazu haben."

Diese Angriffe führen dazu, dass der Neinsager sich rechtfertigen wird. Die Diskussion verläuft aggressiv, da der Gesprächspartner die Begründungen nicht akzeptiert und sofort auf Konfrontation geht. Ein unsicher formuliertes Nein wird hier bestimmt nicht gehört werden.

Ein freundliches, selbstsicheres und bestimmtes Nein schützt zwar nicht hundertprozentig vor Nicht-Akzeptanz. Es verringert jedoch die Wahrscheinlichkeit, dass mit Hilfe dieser manipulativen Methode Schwächen ausgenutzt werden.

1.4 Harte Worte

Am Anfang steht eine harmlose Frage. Die Antwort: „Nein!" – keine Begründung, kein Zeichen von Interesse, kein Bedauern. Einfach „Nein!" Oder die Antwort fällt etwas länger aus: „Jetzt nicht! Sie sehen doch, dass ich bis zum Hals in Arbeit stecke. Suchen Sie sich dafür einen anderen Dummen."

Was führt zu dieser heftigen Reaktion? Es gibt verschiedene Gründe, warum ein Nein unverbindlich und im hohen Masse unfreundlich formuliert wird.

➲ Unsicherheit

Viele Menschen sagen zwar Nein, aber tun es nicht gern. Sie fühlen sich genauso unsicher, wie diejenigen, die dann schlussendlich doch Ja zu allem sagen. So kommt das Nein schnell und immer ein bisschen schroff beim Gegenüber an. Ganz so, als wolle man es nur schnell hinter sich bringen. Nur nicht überreden lassen. Ganz schnell raus mit dem Nein, dann fragt der andere hoffentlich nicht mehr nach. Das schnelle Nein soll die eigene Unsicherheit überspielen helfen.

○ Negative Grundeinstellung

Andere Personen wiederum haben keinerlei Probleme damit, in aller Deutlichkeit ein Nein zu formulieren. Sie stehen auf dem Standpunkt, dass sie sich gegenüber den Forderungen ihrer Umwelt deutlich durchzusetzen haben. Ihre eigene Grenze ist sehr kurz abgesteckt. Bereits kleinere Bitten werden schnell als unverschämte Forderung angesehen und rigoros abgelehnt. Dabei stoßen sie andere gern vor den Kopf. Man geht diesen Menschen meist aus dem Weg. Bitten und Fragen richtet man nach Möglichkeit nicht mehr an sie. Somit geht deren Strategie des Nein sagens auf, allerdings unter starkem Verlust von Sympathien.

Wer hart und unfreundlich ein Nein formuliert, hat oftmals Tipps zur eigenen Selbstbehauptung missverstanden. Gerade wer früher mit dem Nein sagen Schwierigkeiten hatte, läuft in Gefahr, ins andere Extrem zu verfallen. Bislang immer der Jasager, plötzlich dann der Ausbruch. Ein wütendes Nein aus heiterem Himmel verletzt leicht soziale Normen und Regeln. Angestaute Wut entlädt sich darüber hinaus nicht selten auf das schwächste Glied der Kette. Vielleicht kennen Sie noch die alte Kindergeschichte: Der Chef schreit Papa an, Papa schreit Mama an, Mama schreit Kind an und Kind schreit Hund an. Jeder lädt seinen Zorn an dem ab, der sich gegenüber dem Stärkeren und Mächtigeren nicht zu wehren weiß. Der Fragende oder Bittsteller wollte nichts Böses, fühlt sich nun aber seinerseits verletzt und reagiert selbst ärgerlich.

1.5 Vom Extremen zum Mittelmaß

Stellt man die notorischen Neinsager und Jasager gegenüber, ergibt sich folgendes Bild:

Neinsager **Ablehner/Kämpfer**	**Jasager** **Annehmer/Flüchter**
⊙ Zeigen Ärger und Ablehnung offen.	⊙ Halten ihre wahren Gefühle zurück.
⊙ Lassen sich nichts gefallen.	⊙ Verhalten sich oft passiv und reagieren mehr, als dass sie von sich aus handeln.
⊙ Glauben, dass sie sich nur durch permanenten Kampf behaupten können.	⊙ Die Tatsache, dass sie anerkannt werden, ist sehr wichtig.
⊙ Wirken nach außen hin aggressiv und ungeduldig.	⊙ Haben große Angst vor Liebesentzug.
⊙ Glauben, durch ihre harsche Abgrenzung alles im Griff zu haben.	⊙ Sagen Ja, obwohl sie eigentlich Nein meinen, um angenommen zu werden.
⊙ Haben erlebt, dass der Preis für Zuwendung zu hoch ist. Sie verzichten eher ganz auf Sympathie, als dass sie dem anderen entgegenkommen.	⊙ Zahlen bereitwillig einen hohen Preis, um angenommen und gemocht zu werden.

Das Yin und Yang Prinzip

Ein kleiner Blick in die asiatische Kultur (genauer gesagt in den Taoismus) zeigt, dass diese Problematik schon seit langem bekannt ist. Im Taoismus zeigt sich die Welt in zwei Polaritäten:

Das Yin als weibliches Element steht für Verbindung, Aufnahme, Kooperation, Gefühl und Intuition. Das Yang als die männliche Gegenhälfte steht dagegen für Abgrenzung, Eindringen, Konkurrenz, Verstand und Rationalität.

Beide Seiten für sich sind einseitig und unvollkommen. Erst durch die gegenseitige Ergänzung entsteht Ganzheit. Erst, wenn das Aggressive und die nachgiebige Sanftheit zusammenkommen, ist der Mensch eine Einheit.

Auf unser Thema bezogen bedeutet dies, dass man deutliche „Ich-Grenzen" braucht, um sich selbst in der Umwelt durchzusetzen und Widerstand zu bilden. Gleichzeitig sollte immer wieder abgewogen werden, wie diese Grenzen gesetzt werden und ob die eigenen Grenzen nicht auch manchmal nach hinten geschoben werden können. Umgekehrt: Anerkennung zu bekommen und gemocht zu werden, ist in unserem Leben sicherlich ein wichtiger Aspekt. Der Preis dafür sollte jedoch nicht immer in der Aufgabe eigener Wünsche und Vorstellungen liegen.

Die wirkliche Kunst liegt darin, sich selbst zu behaupten, ohne dafür mit dem Verlust von beruflichen und privaten Beziehungen zu bezahlen. Deshalb ist der mittlere Weg, wie so oft im Leben, sicherlich auf Dauer der erfolgreichere.

2 Freundlich Nein sagen – die Strategie

Es muss sich nicht ausschließen: Eigene Bedürfnisse durchzusetzen und die Bedürfnisse der Mitmenschen anzuerkennen. Jeder Mensch will ernst genommen und respektiert werden. Wenn dieses Bedürfnis nicht erfüllt wird, kommt es zum Konflikt. Aber den Wunsch anderer nach Anerkennung zu erfüllen, heißt nicht, sich selbst und seine eigenen Wünsche und Bedürfnisse immer hintanzustellen.

Gerade dann, wenn Sie sich anderen gegenüber abgrenzen wollen, eine Bitte ablehnen oder einer Forderung nicht nachkommen wollen, erfüllen Sie die Bedürfnisse des anderen nicht. Um so wichtiger ist es, dass er sich an dieser Stelle trotzdem ernst genommen fühlt. Sie können selbstverständlich eine Bitte ablehnen. Signalisieren Sie dadurch aber nicht, dass Sie den ganzen Menschen ablehnen oder seinen Angelegenheiten gleichgültig gegenüberstehen. Versuchen Sie mit der folgenden Strategie einen verbindlichen Weg einzuschlagen.

⊃ Formulieren Sie ein eindeutiges Nein

Wenn Sie Ihre Mitmenschen nicht Rätsel raten lassen wollen, reden Sie nicht um den heißen Brei herum. Sagen Sie direkt, ob Sie zustimmen oder ablehnen. Das ist nicht nur für Sie effektiver, es ist auch für den anderen angenehmer, wenn er direkt weiß, woran er ist. Dabei sollten Sie das Wort Nein nicht direkt an den Anfang stellen, es lässt jeden Satz hart klingen: „Nein, ich bin heute schon verabredet. Tut mir leid." Freundlicher und genauso effektiv klingt es, wenn Sie sagen: „Leider nein. Ich bin schon verabredet." Genauso gut können Sie auch auf das Nein verzichten und umschreiben: „Es tut mir leid. Heute kann ich nicht. Ich bin schon verabredet." Genauso wenig sollte das Nein ganz am Ende einer wortreichen Erklärung kommen. Sonst macht sich der Gesprächspartner bis zuletzt Hoffnungen auf eine Zustimmung.

⊃ Zeigen Sie Mitgefühl

Auch wenn es etwas übertrieben klingt: Mit jemandem mitfühlen zeigt, dass Sie ihm gegenüber nicht gleichgültig sind. Sie verneinen eine Bitte oder Forderung, Sie grenzen sich ab, zeigen aber gleichzeitig, dass Sie durchaus Verständnis für seine Situation haben. Das sind Streicheleinheiten für Ihr Gegenüber. Natürlich können Sie darauf verzichten, vielleicht sagen Sie sich in manchen Momenten, „zu dem will ich jetzt nicht nett sein". Aber denken Sie dabei auch an Ihren eigenen Vorteil. Mit einem Nein gehen Sie immer in eine Konfliktsituation. Die können Sie sich selbst leichter oder schwerer gestalten.

Mit Formulierungen wie: „Es tut mir leid ...", „Leider ...", „Ich verstehe, dass Sie ..." können Sie Verständnis und Mitgefühl ausdrücken. Wichtig ist hierbei auch der Tonfall des Gesagten. Sie können „Es tut mir leid, dass ich dir nicht helfen kann" ganz unterschiedlich aussprechen. Wenn man etwas bedauert, sollte es auch ernst gemeint klingen. Ansonsten verwenden Sie bloß eine Floskel, und diese wird beim anderen auch als solche ankommen.

Vorsicht vor Formulierungen wie: „Ich würde ja gern, aber ...", „Nichts lieber als das, aber ..."! Wer oftmals auf diese Weise eine Verneinung einleitet, macht sich unglaubwürdig – nach dem Motto: „Wenn er könnte, wie er wollte, aber er kann ja nie." Zumal sich der andere noch bei den ersten Worten freut, das „Aber" enttäuscht ihn dafür dann um so mehr.

➲ Zeigen Sie Interesse

Nicht immer ist es sinnvoll, Bedauern zu zeigen. In manchen Situationen werden Sie es auch einfach nicht wollen. Je nach Bitte oder Forderung ist es schon ausreichend, Interesse an der Angelegenheit des anderen zu signalisieren, damit Ihr Nein nicht gleichgültig wirkt. Wichtig: Zeigen Sie Interesse an der angesprochenen Thematik immer erst, nachdem Sie eindeutig Nein gesagt haben. Ansonsten machen Sie dem anderen unnötig Hoffnungen auf ein Ja. Außerdem laufen Sie Gefahr, soviel über die Hintergründe der Bitte oder Forderung des anderen zu erfahren, dass es Ihnen immer schwerer fallen wird, diese abzulehnen.

Beispiel: „Gehst du mit mir heute Abend ins Kino?" „Das tut mir leid. Ich bin heute Abend schon verabredet. Welchen Film möchtest du dir denn ansehen?" Jetzt können Sie sich über das Thema neutral unterhalten ohne Gefahr zu laufen, nicht mehr Nein sagen zu können. Wenn Sie dagegen so anfangen: „In was für einen Film möchtest du denn gehen?", kann Ihnen auch folgendes passieren: „Ach du, was für ein Film ist mir eigentlich völlig egal, ich wollte heute Abend nur nicht allein sein." Nach dieser Antwort würde Ihnen das Nein viel schwerer fallen.

⊃ Geben Sie eine Begründung

Hier kommen wir zum wichtigsten Punkt. Ohne Begründung Ihres Neins können Sie nicht auf das Verständnis Ihres Gegenübers hoffen.

Denken Sie an folgende Situation: Ein kleines Kind sagt im Geschäft zu seiner Mutter: „Ich will das Auto haben!" Die Mutter weigert sich: „Nein!" Das Kind quengelt: „Aber warum nicht?" Die Mutter, gestresst durch den Einkauf: „Weil ich Nein gesagt habe." Das Kind fängt an zu brüllen: „Aber wieso nicht, ich will aber ...".

Schon Kinder geben sich nicht gern ohne Erklärungen zufrieden. Wir Erwachsene mögen dieses Verhalten ebenso wenig. Damit wir einander verstehen können, sind Erklärungen notwendig. Nun gibt es aber genügend Situationen, in denen Sie die wahren Gründe für die Ablehnung nicht äußern wollen. Was nun? Gute Ausrede? Manchmal kommen wir nicht darum herum. Es sollte jedoch nicht die Gewohnheit sein, ständig Ausreden zu erfinden. Wenn Sie merken, dass Sie gegenüber bestimmten Personen oder in gewissen Situationen nur noch Ausreden verwenden, dann probieren Sie es doch einmal wieder mit der Wahrheit. Man kann auch die Argumente: „Dazu habe ich keine Lust" oder „Das tue ich aus Prinzip nicht" verwenden. Am Abend erhalten Sie einen Anruf von einem guten Freund: „Kannst du mir bitte bis morgen dein Auto leihen? Ich muss dringend etwas abholen und mein Auto ist in der Werkstatt." Jetzt stehen Sie im Zwiespalt. Sie hassen es, Ihr Auto zu verleihen. Auf der anderen Seite wollen Sie Ihren Bekannten nicht vor den Kopf stoßen. Also suchen Sie schnell nach einer Ausrede: „Du, ich würde dir ja gern helfen, aber ich brauche das Auto selbst noch heute Abend. Ich muss noch mal raus." Besonders gut fühlen Sie sich nach der Notlüge nicht. Aber Ihr Bekannter ist zumindest nicht beleidigt. Versuchen Sie es doch einmal mit der Wahrheit statt mit einer Ausrede: „Du, ich möchte dir mein Auto nicht geben. Bitte habe Verständnis dafür, ich verleihe mein Auto grundsätzlich nicht."

Hier geht es nicht um Prinzipienreiterei, sondern um den seltenen Fall, dass Sie einem Bekannten wegen bestimmter Grundsätze einen Gefallen verweigern. Entscheidend ist es, dass Sie dabei den richtigen Tonfall finden, und der wird sich dann einstellen, wenn Sie Ihre grundsätzliche Begründung ehrlich meinen, wenn Ihnen Ihr Grundsatz wirklich wichtig ist.

Ein anderes Beispiel: Ein Arbeitskollege bittet Sie, den Urlaub mit ihm zu tauschen. Grundsätzlich wäre das möglich, aber Sie haben keine Lust, zur

Hauptreisezeit zu verreisen. Am liebsten würden Sie zur Notlüge greifen und sagen, dass Sie den Urlaub bereits fest gebucht haben. Warum nicht die Wahrheit sagen: „Ich kann verstehen, dass du deinen Urlaub gern verlegen möchtest. Bitte habe Verständnis dafür, dass ich ebenso wenig Lust habe, in der Hauptreisezeit wegzufahren. Ich fahre auch lieber im Mai, anstatt im heißen Juli. Tut mir leid, dass ich dir diesmal nicht weiterhelfen kann."

Es scheint so, als ob die Ausreden Sie kurzfristig in ein besseres Licht stellen würden. Sie können ja nichts dafür, dass Sie nicht helfen können. Sie würden ja, wenn Sie könnten. In Wirklichkeit wollen Sie nicht. Sie haben Ihre eigenen Grundsätze und Bedürfnisse. Es ist nicht unhöflich, diese offen auszusprechen, solange Sie dies in einer verbindlichen Art und Weise tun.

➲ Zeigen Sie Alternativen auf

Viele Situationen schreien geradezu nach einer alternativen Lösung. Sie möchten ein bestimmtes Produkt im Geschäft kaufen. Die Verkäuferin klärt Sie auf: „Leider führen wir das Produkt nicht mehr." Daraufhin sagt die Verkäuferin nichts mehr und lässt Sie stehen. „Und was mache ich jetzt?", denken Sie sich. Bestimmt kommt Ihnen dieses Beispiel bekannt vor. Die Situation erfordert eine Lösung. Warum bietet die Verkäuferin keine Alternative an? Aus Zeitnot? Oder aus Gleichgültigkeit? Auch in den zuvor genannten Beispielen hätten alternative Lösungen weitergeholfen und Sie wären trotzdem bei Ihrem Nein geblieben. Alternativen aufzuzeigen, vermittelt dem anderen, dass Sie wirklich Interesse an seiner Person oder Situation haben und weiterhelfen wollen. Allerdings kostet es auch Ihre Zeit, sich mit dem Thema weiter zu beschäftigen. Sie werden im Einzelfall entscheiden müssen, ob Sie Ihre Zeit dafür einsetzen wollen.

Beziehen wir uns noch einmal auf unser erstes Fallbeispiel Anja. Als Frau Melzer als Dritte mit einer dringenden Aufgabe kam, hätte Anjas Antwort so lauten können:

„Es tut mir sehr leid, Frau Melzer, ich weiß wie dringend das ist. Ich kann jedoch unmöglich diese Aufgabe noch übernehmen. Sowohl Herr Müller als auch Herr Petersen haben mir bereits Terminangelegenheiten übergeben. Ich kann Ihre Aufgabe nicht mehr dazwischen schieben, ohne dass die anderen Sachen darunter leiden. Gern rufe ich aber Herrn Schmidt an und spreche mit ihm, dass die Rechnung doch erst morgen ausgehändigt werden kann. Ist das so für Sie in Ordnung? Ansonsten müssen wir mit Herrn Müller und Herrn Petersen über die Prioritäten der einzelnen Aufgaben noch mal sprechen."

Alle Punkte der Strategie sind in diese Antwort mit eingeflossen:

Eindeutiges Nein	„Ich kann unmöglich diese Aufgabe noch übernehmen."
Mitgefühl zeigen	„Es tut mir sehr leid Frau Melzer ..."
Interesse zeigen	„Ist das für Sie so in Ordnung?"
Begründung geben	„Sowohl Herr Müller als auch Herr Petersen haben mir bereits Terminangelegenheiten übergeben."
Alternative aufzeigen	„Gern rufe ich aber Herrn Schmidt an und spreche mit ihm ..." „Ansonsten müssen wir mit Herrn Müller und Herrn Petersen noch einmal über die Prioritäten der Aufgaben reden."

3 Wie gewinne ich durch Freundlichkeit?

Vielleicht stellen Sie sich jetzt die Frage: „Was bringt mir das freundliche Nein sagen eigentlich? Warum soll ich mir überhaupt die Mühe machen, mein Nein freundlich zu formulieren?" Sicherlich, mit Freundlichkeit lässt sich nicht jedes Problem lösen. Sie werden allerdings feststellen, dass mit freundlichem Verhalten viele Probleme erst gar nicht aufgetaucht wären. Denken Sie an das alte Sprichwort: „Wie man in den Wald ruft, so schallt es zurück." Ein Nein zu äußern, bedeutet immer, auch eine Konfliktsituation zu schaffen. Egal wie banal die Situation auch sein mag, ein Nein ist immer eine Ablehnung für Ihr Gegenüber. Sagen Sie Nein, haben Sie sich durchgesetzt. Damit haben Sie bereits einen Vorteil für sich verbuchen können. Schaffen Sie es dabei auch noch, dass Ihr Gegenüber sich bei Ihrem Nein nicht vor den Kopf gestoßen fühlt, haben Sie einen zweiten Nutzen aus Ihrem Nein gezogen. Das heißt, je nach Situation haben Sie es geschafft, die gute Beziehung zu erhalten, Verständnis für Ihr Nein zu schaffen, Ihr schlechtes Gewissen zu beruhigen und sich trotz des unangenehmen Nein sagens selbst immer noch wohl zu fühlen.

Nehmen wir ein Beispiel aus dem Arbeitsalltag. Ein Kollege kommt zu Ihnen und möchte Arbeit delegieren. Sie sind selbst mit Ihren eigenen Aufgaben mehr als genug eingedeckt und reagieren dementsprechend ablehnend: „Nein, jetzt wirklich nicht. Ich hab' selbst genug zu tun." Der Kollege zuckt mit den Schultern und dreht sich wortlos um. Hier haben Sie nur einen Nutzen aus Ihrem Nein gezogen: Sie haben die Mehrarbeit erfolgreich abgeblockt. Der Kollege jedoch ist verstimmt und wird sich bei der nächsten Gelegenheit wahrscheinlich auch kein Bein für Sie ausreißen. Warum also nicht einfach die Absage etwas freundlicher gestalten? Weil Sie Angst haben, dass der Kollege Ihre Absage dann nicht ernst nimmt? Oder weil Ihre Zeit für lange Antworten zu knapp ist? Es gibt immer viele Gründe, warum wir uns unfreundlich verhalten, immer eine Entschuldigung für unsere Versäumnisse. Dabei würde eine nettere Absage kaum mehr Zeit in Anspruch nehmen und auch nicht Ihre Zielsetzung gefährden: „Leider kann ich dir im Moment nicht helfen. Ich weiß selbst gerade nicht, wie ich meine Aufgaben hier erledigt bekommen soll. Wenn es sich bis morgen etwas gelichtet hat, helfe ich dir gern." Wenn Sie es jetzt noch schaffen, nicht völlig genervt auszusehen, wird der Kollege kaum Anlass haben, Ihre Absage negativ zu werten.

3.1 Anspruch an die Professionalität

Das ist doch ganz einfach! Freundlich sind wir doch alle, oder? Wer behauptet schon von sich, ein unfreundlicher Mensch zu sein? Wahrscheinlich die Wenigsten. Und dennoch wird diese selbstverständliche Forderung nach Freundlichkeit im Alltag nicht immer gelebt. „Ich bin freundlich. Außer wenn .... Das habe ich nicht nötig, da bin ich dann auch nicht mehr freundlich!" Es gibt also Ausnahmen im freundlichen Auftreten. Die Frage ist: Nützt es Ihnen in diesen Momenten unfreundlich reagiert zu haben? Wären Sie mit Freundlichkeit nicht sogar weiter gekommen? Wahrscheinlich ja. Aber vielleicht wollten Sie in diesen Momenten auch ganz bewusst nicht freundlich reagieren. Das ist der springende Punkt: In manchen Situationen wollen wir freundlich sein, können es aber nicht und in anderen wollen wir erst gar nicht freundlich sein.

Schauen wir uns die verschiedenen Situationen an, in denen es Ihnen schwer fällt, ein freundliches Nein zu formulieren. Gerade im Berufsleben erfordern viele Situationen einen professionellen Umgang mit anderen Menschen. Sie können nicht immer so reagieren, wie es Ihnen spontan in den Sinn kommt. Die Kollegen, die Mitarbeiter, die Kunden, ja auch die Vorgesetzten erwarten eine professionelle Behandlung. Und auch in Ihrem privaten Umfeld lässt sich mit einer freundlichen Kommunikation mehr Harmonie erreichen. An Ihren „guten" Tagen, bei angenehmen Personen lässt sich das auch leichter umsetzen. Wie sieht es jedoch an den „schlechten" Tagen aus? Gegenüber Menschen, die Ihnen unsympathisch sind?

Der eigene Stolz wird verletzt

Ihre Projektleiterin ist selten einer Meinung mit Ihnen. Jedes Ihrer Ergebnisse wird von ihr bemängelt, da sie eigentlich immer alles anders sieht als Sie. So haben Sie sich bei einer Ihrer Aufgaben besonders viel Mühe gegeben, viel Zeit investiert und sind schließlich mit dem Ergebnis Ihrer Arbeit sehr zufrieden. Die Projektleiterin dagegen begutachtet kurz Ihre Arbeit und fordert Sie danach auf, diese noch einmal neu zu machen und bittet Sie, diesmal sorgfältiger zu sein. Jetzt reicht es Ihnen. Sie sind verletzt und reagieren sauer: „Nein, das ist genau richtig so. Und außerdem habe ich sorgfältig daran gearbeitet. Wenn ich es jetzt noch einmal mache, wird es auch nicht anders!" Welchen Nutzen bringt Ihnen dieser Ausbruch? Gut, Sie haben ein Nein formuliert, aber bringt

Sie das Ihrem Ziel, der Anerkennung Ihrer Leistung, näher? Die Atmosphäre ist durch Ihren Ausbruch nicht gerade besser geworden. Anerkennung wird die Projektleiterin Ihnen dadurch auch nicht zollen und schon gar nicht Ihrer Meinung zustimmen. Sie sind durch Ihr unprofessionelles Verhalten keinen Schritt weitergekommen. Sie haben sich zwar Luft verschafft, aber keine Verbesserung in der Zusammenarbeit erreicht. Professionell wäre es gewesen ihr zu sagen, dass Sie es sehr bedauern, mit Ihr diesbezüglich nicht die gleiche Auffassung zu haben und dass Sie Ihr Ergebnis sehr gut finden. Geben Sie dafür Gründe an. Fragen Sie Ihre Projektleiterin, was sie denn besser finden würde und warum, und versuchen Sie danach sie von Ihrer Auffassung sachlich zu überzeugen oder notfalls einen Kompromiss zu finden.

Aggression zwingt zur Verteidigung

Nicht alle Menschen haben sich gut unter Kontrolle. Manche leben ihre Aggressionen auch offen aus und dies auf Kosten ihres Gegenübers. Warum sollte man sich selbst professionell freundlich verhalten, wenn der andere noch nicht einmal die Grundregeln der Höflichkeit beachtet?

Sie arbeiten in einem Call-Center. Ihre Aufgabe ist es, die anrufenden Kunden zu beraten. Heute ist nicht Ihr Tag. Alle Kunden, die heute anrufen, scheinen mit dem falschen Fuß aufgestanden zu sein und lassen dies an Ihnen aus. Auch die nächste Kundin scheint ihre gute Kinderstube vergessen zu haben. „Wieso kann ich in diesem Saftladen eigentlich niemals richtig verbunden werden. Jetzt hänge ich schon minutenlang in der Leitung und keiner hilft mir weiter. Sind denn alle hier unfähig? Ich hoffe, wenigstens Sie sind jetzt dazu in der Lage mir zu helfen!" Nach dieser wütenden Begrüßung fragen Sie die Kundin nach ihrem Anliegen. Sie stellen fest, dass Sie ihr auch nicht helfen können. „Ich kann da gar nichts für Sie tun. Da müssen Sie sich schon direkt an den Zulieferer wenden. Ich gebe Ihnen gern die Nummer." Nun ist es völlig um die Fassung der Kundin geschehen. Sie ergeht sich in wütenden Beschimpfungen und knallt den Hörer auf. Nach diesem Telefonat brauchen Sie erst einmal eine Pause, Ihr Magen krampft sich mal wieder zusammen.

Agieren statt reagieren

Welchen Vorteil hätte hier ein professionelleres Nein sagen gebracht? Ihre Antwort hätte auch so lauten können: „Oh je, jetzt muss ich Sie leider auch enttäuschen. Sie sind leider völlig umsonst mit mir verbunden worden. Ich habe hier nicht die Möglichkeit Ihnen zu helfen. Das kann nur unsere Zulieferfirma tun. Ich kann mir vorstellen, wie unbefriedigend diese Auskunft jetzt für Sie ist. Aber wissen Sie, was ich jetzt mache? Sie geben mir jetzt Ihre Telefonnummer und ich leite sie an den zuständigen Sachbearbeiter mit der Bitte um dringenden Rückruf weiter. Zur Sicherheit gebe ich Ihnen aber noch direkt die Nummer der Zulieferfirma. Ist das für Sie so in Ordnung?"

Natürlich hat dieses Gespräch jetzt länger gedauert. Und es wird Zeit in Anspruch nehmen, den zuständigen Sachbearbeiter zu erreichen. Langfristig haben Sie jedoch Zeit gespart. Nämlich die Zeit, die es gedauert hätte, sich nach einem unangenehmen Gespräch wieder zu beruhigen. Diese Kundin ist bereits aufgebracht. Eine unprofessionelle Reaktion sieht so aus: Sie handeln spontan, Sie tun für eine schimpfende Person weniger, als für jemanden, der höflich bittet. Ganz nach dem Prinzip: Wer freundlich zu mir ist, zu dem bin ich auch freundlich und umgekehrt. Wenn Sie sich aber von der schlechten Laune der Kundin anstecken lassen und nur noch auf sie re-agieren, wird sich die Laune der Kundin nicht bessern. Und das geht zu Ihren Lasten. Sie bekommen das Gespräch nicht in den Griff. Die Kundin diktiert den Tonfall und Sie stimmen mit ein. Das Ende vom Lied: Das Gespräch endet denkbar schlecht, und Sie haben nichts gewonnen außer Magenschmerzen. Und jetzt stellen Sie sich bitte vor, dass Sie täglich von mehreren wütenden Kunden angerufen werden. Was sagt Ihre Gesundheit dazu? Macht Ihnen diese Arbeit dann noch Spaß? Wohl eher nicht.

Das ist der Vorteil, wenn man professionell freundlich agiert. Sie sind so in der Lage, die Gespräche positiv zu steuern. (Natürlich gibt es immer Situationen oder Menschen, an denen man scheitert. Aber das sollte Sie eher herausfordern, anstatt zu kapitulieren.)

Denken Sie an folgendes Zitat: „Ein freundliches Wort geht nie verloren. Es läuft von einem zum anderen bis es schließlich wieder zu Ihnen zurückkehrt."

Richtungsänderung

Ich kann aber nicht anders! Vielleicht sind Sie auch der Meinung: „Ja ich weiß, dass ich mich nicht immer richtig verhalte, aber ich kann das nicht ändern." Verhalten ist oftmals Ausdruck der persönlichen, individuellen Einstellung.

Einstellungen sind aber wandelbar. Insbesondere dann, wenn wir den Grund dafür erkennen. Menschen haben die Fähigkeit zu reflektieren. So sind wir in der Lage, den eigenen Kurs zu ändern, wenn uns bewusst wird, dass wir in die falsche Richtung steuern. Sicher kennen Sie auch das Zitat: „Was du nicht willst, dass man dir tut, das füg' auch keinem anderen zu." In diesem Zitat steckt viel Weisheit. Hinterfragen Sie daher immer mal wieder Ihr Verhalten. Reagieren Sie so, wie Sie es sich selbst wünschen? Wie wirken Sie auf Ihr Gegenüber? Immer so, wie es Ihre Absicht ist? Betrachten Sie sich einmal selbstkritisch. Überprüfen Sie dabei auch Ihre Wahrnehmung. Schauen Sie auch anderen genauer zu und sensibilisieren Sie Ihre Wahrnehmung auf Kleinigkeiten. Was Ihnen bei anderen nicht gefällt, werden Sie zumindest bewusst nicht selbst tun.

3.2 Freundlichkeit mit Worten spürbar machen

Wie auch immer formuliert, Ihr Gesprächspartner muss mit der Tatsache oder der Enttäuschung fertig werden, dass Sie seine Bitte nicht erfüllen oder sein Verhalten ablehnen. Durch die Wahl Ihrer Worte und durch den Aufbau Ihrer Argumentation nehmen Sie Einfluss auf die Wirkung Ihres Neins. Mit ein wenig Übung wachsen Ihre Fertigkeiten, trotz eines Neins für eine positive Atmosphäre und ein angenehmes Miteinander zu sorgen.

Zuhören schafft Klarheit

„Ein Beamter, der den Ersuchen seiner Bürger Gehör schenken muss, sollte geduldig und ohne Groll zuhören, weil es den Bittsteller in erster Linie nach Aufmerksamkeit für das, was er wünscht, mehr noch als der Bewilligung des Geforderten verlangt." (Ptahhotep, 2000 v. Chr.)

Stellen Sie sich vor, Sie haben einen Kollegen, der dazu neigt, sich seine Arbeit recht einfach zu gestalten, indem er unangenehme Tätigkeiten gern an andere delegiert. Nachmittags kommt er zu Ihnen ins Büro. „Hallo zusammen! Ich habe doch morgen die Präsentation beim Kunden. Ich habe da nur eine kleine Bitte an euch: Könntet ihr vielleicht ...?" Weiter kommt er nicht, denn alle wissen schon, dass der Kollege wieder Arbeit abgeben will. „Nee, Heinz, so brauchst du uns gar nicht erst zu kommen. Tut uns echt leid, aber wir wollen nicht immer deine Sachen zusätzlich mit erledigen. Wir haben selbst mehr als genug zu tun."

Auch wenn Sie das Nein so wie in diesem Beispiel halbwegs höflich formuliert haben, kann Ihr Verhalten doch größere Folgen nach sich ziehen. Vielleicht hatte der Kollege ausnahmsweise einmal komplett vorgearbeitet und wollte Sie nur bitten, seinen Bericht in seiner Abwesenheit weiterzuleiten. Jetzt haben Sie ihn abgestempelt und ihn vor den anderen Kollegen beleidigt. Hätten Sie nicht innerlich das Nein bereits formuliert und zunächst neutral zugehört, welche Richtung der Kollege einschlägt, wäre die Situation sicher anders und damit positiver verlaufen.

Bevor Sie etwas ablehnen oder verneinen, sollten Sie genau wissen, was der andere von Ihnen wirklich möchte. Voraussetzung dafür ist, dass Sie ihm richtig zuhören.

Grenzen der Wahrnehmung

Wie oft hören wir nur das, was wir hören wollen? Wegen der begrenzten Kapazität unseres Gehirns ist unsere Wahrnehmung immer selektiv. Formulieren Sie ein halbherziges Nein, hört der andere gern ein Ja heraus, weil er dieses Ja hören möchte. Der erste Schritt zum aktiven Zuhören ist daher, zu seinen eigenen Erwartungen und Sichtweisen bewusst auf Distanz zu gehen und sich ganz auf die Ansichten des Gesprächspartners einzulassen.

Oft kommt es zu Missverständnissen, weil wir die Worte des anderen völlig anders aufgefasst haben. Abhängig von unseren Erfahrungen, dem jeweiligen Zusammenhang und unseren Bezugssystemen interpretieren wir dieselben Worte auf unterschiedliche Weise. Nur ein genaues Hinhören und Rückbestätigung vermeiden Fehldeutungen. Was der andere als normale Bitte sieht, interpretieren Sie möglicherweise als unverschämte Forderung. Wo Sie Ihrer Meinung nach sachlich Nein gesagt haben, fühlt sich Ihr Gegenüber persönlich angegriffen. Die Liste lässt sich beliebig verlängern.

Behalten Sie daher die eigenen Vorurteile im Auge. Das eigene Bezugssystem ist in der Regel immer anders als das des Gesprächspartners.

Passives Zuhören – ein Anfang

Zuhören fällt den meisten Menschen nicht leicht. Die eigene Meinung wird rasch in den Vordergrund geschoben, der Sprecher unhöflich unterbrochen oder es wird durch körpersprachliche Zeichen Gleichgültigkeit signalisiert. Formulierungen wie: „Ach, Entschuldigung, was sagten Sie doch gerade?", zeigen, wie unkonzentriert das Gesagte aufgenommen wurde. Erinnern Sie sich an eine selbst erlebte Begebenheit, in der Ihre Ausführungen ständig unterbrochen wurden? Oder eine Situation, in der Sie das Gefühl hatten, kein Interesse zu wecken? Wahrscheinlich fühlten Sie sich in diesem Augenblick nicht ernst genommen und haben dementsprechend reagiert. Fehlendes Zuhören verunsichert den Gesprächspartner. Reaktionen darauf können sein: Rückzug oder Abwehrverhalten.

Für viele Menschen wäre es bereits ein Fortschritt, wenn sie lernen würden, passiv zuzuhören. Also: den Gesprächspartner ausreden lassen und nicht direkt unterbrechen. Passives Zuhören allein reicht jedoch nicht, um das Gesprächsklima positiv und partnerorientiert zu gestalten. Ein Gesprächspartner, der völlig kommentarlos und damit passiv zuhört, kann genauso verwirren, wie jemand, der Sie ständig unterbricht.

Aktives Zuhören erzeugt Sympathie

Aktives Zuhören ist ein starkes Mittel, einen Menschen für sich zu gewinnen und den eigenen Sympathiewert zu steigern. Aktives Zuhören signalisiert Ihrem Gegenüber, dass Sie ihn wirklich verstehen wollen. Diese Gesprächstechnik können Sie immer dann einsetzen, wenn Gefühle eine Rolle spielen oder Probleme im Miteinander auftreten, die erst einmal verstanden werden müssen. Zum Beispiel beim Umgang mit aufgebrachten Menschen wie reklamierenden Kunden, verärgerten Kollegen und enttäuschten Freunden. Aktives Zuhören trägt zum Auf- und Ausbau von Vertrauen und damit zu einer guten Beziehung bei. Insbesondere, wenn es um ein Nein in heiklen Situationen geht, sind Beziehungen zwischen Kollegen, Mitarbeitern und Vorgesetzten, Verwandten oder Freunden gefährdet. Sobald Sie im Gespräch Wertschätzung und Anerkennung deutlich machen, haben Sie den Boden für weitere positive Gespräche bereitet. Ein angenehmes Gesprächsklima bleibt in Erinnerung und lässt Ihr Nein auch im Nachhinein nicht unfreundlich erscheinen.

Aktives Zuhören erfordert viel Übung und Konzentrationsvermögen. Es macht ein Gespräch harmonischer und effektiver. In einem guten Gespräch wechseln sich verschiedene Gesprächstechniken ab. Aktives Zuhören ist eine davon, sie wird in der Regel nicht durchgängig angewendet.

Wie hören Sie aktiv zu?

Wollen Sie Ihrem Gegenüber aktiv zuhören, dann stellen Sie sich während des Gespräches folgende Fragen:

⊙ Was empfindet mein Gegenüber?

⊙ Was ist an den Äußerungen besonders wichtig?

⊙ Was beschäftigt mein Gegenüber daran so sehr?

⊙ Welches Interesse verfolgt er damit?

Die meisten Personen sind sehr freudig überrascht, wenn der Gesprächspartner ausnahmsweise wirkliches Interesse an ihren Ansichten zeigt, ohne das Gesagte als Aufhänger für Erzählungen über sich selbst zu nehmen. Lassen Sie beim aktiven Zuhören das Anliegen des Gegenübers dominieren. Für viele ist es ungewohnt so im Mittelpunkt des Interesses zu stehen. Ihnen wird es deshalb deutlich mehr Sympathiepunkte einbringen.

Versuchen Sie einmal den üblichen Dialog von Aussage-Gegenaussage oder Frage-Antwort zu unterbrechen und beachten Sie dabei die übrigen Kriterien für aktives Zuhören:

➲ Unterbrechen Sie den Dialog

Ein Gespräch zwischen zwei Personen besteht normalerweise aus einem Dialog. Erst sagen Sie etwas, darauf folgt die Antwort des Gesprächspartners. Während Ihr Gegenüber mit Ihnen spricht, denken Sie bereits über Ihre Antwort nach. Als Konsequenz werden wichtige Teile der Aussage nicht richtig wahrgenommen. Beim aktiven Zuhören geht es nicht um Ihre Meinung und um Ihre Antwort, sondern darum, den anderen wirklich zu verstehen. Hören Sie daher beim aktiven Zuhören den Ausführungen Ihres Gesprächspartners bis zum Ende zu, ohne das Gesagte im Geiste zu bewerten und ohne Antworten zu geben, die Ihre Meinung wiederspiegeln.

➲ Sammeln Sie Informationen

Reden Sie selbst, erfahren Sie in der Regel wenig Neues. Je intensiver Sie zuhören und den anderen damit zum Reden ermutigen, desto mehr Informationen erhalten Sie. Neben Sachinformationen erfahren Sie nebenbei eine Menge über Ansichten, Meinungen und Einstellungen Ihres Gesprächspartners. Gerade in Situationen, in denen Sie ein Nein formulieren wollen, ist es sehr hilfreich, persönliche Dinge über den anderen zu wissen. Ihr Nein können Sie so sehr behutsam auf den anderen ausrichten, ohne versehentlich einen wunden Punkt zu treffen. Je mehr Sie den Gesprächspartner durch Ihr aktives Zuhören zum Weitersprechen ermutigen, desto mehr Anhaltspunkte erhalten Sie. Führen Sie ein Gespräch mit Ihrem Chef oder Ihrem Mitarbeiter, ist es gut, wenn Sie deren Positionen völlig verstanden haben. Nur so können Sie später an der richtigen Stelle anknüpfen und gemeinsam Alternativen erarbeiten, mit denen beide Parteien zufrieden sind.

Vielleicht kennen Sie das selbst: Was vorher als vage Vorstellung in Ihrem Kopf vorhanden war, nimmt plötzlich Gestalt an, wenn Sie es aussprechen. Ermuntern Sie deshalb Ihren Gesprächspartner durch Ihr Zuhören, Lösungen zu entwickeln oder zu präzisieren. Es bittet Sie beispielsweise ein Kollege um Geld, was Sie aus Prinzip nicht tun. Indem Sie Ihren Kollegen aber dazu ermutigen, mehr von seiner Situation zu berichten, fallen ihm selbst vielleicht andere Wege ein, sein finanzielles Problem zu lösen.

⊃ Zeigen Sie Ihre Aufmerksamkeit

Zeigen Sie durch kleine Zwischenbemerkungen und Kurzzusammenfassungen des Gesagten, dass Sie es verstanden haben. Auf diese Weise bekunden Sie Interesse an den Äußerungen des Gesprächspartners, ohne das Gespräch selbst in die Hand zu nehmen. Zum Beispiel können Sie wichtige Wörter halblaut wiederholen oder kommentieren: „Hm, zuviel auf Dienstreisen". „Aha, so haben Sie das also gesehen." Diese Wiederholungen sind keine Interpretationen und enthalten keine Wertungen. Die eigenen Äußerungen reflektieren das, was der Gesprächspartner gesagt hat.

Kleine Geräusche zwischendurch, wie „ja" und „Aha" , zeigen dem anderen, dass Sie aufmerksam zuhören. Kleiner Tipp: Übertreiben Sie diese Geräusche nicht, ansonsten wirken sie störend oder künstlich übertrieben.

⊃ Stellen Sie weiterführende Fragen

Rückmeldungen regen den Gesprächspartner zum weiteren Nachdenken an. So erfahren Sie mehr über die Beweggründe, die möglicherweise hinter einer Sachaussage verborgen liegen. Bleiben Sie auch hier immer ganz nah an der Situation und den Gefühlen Ihres Gegenübers. Nehmen wir an, eine Mitarbeiterin trägt Ihnen ihr Anliegen vor, sie aus einem größeren Projekt herauszunehmen, in dem sie bisher sehr erfolgreich mitgearbeitet hat. Im gemeinsamen

Gespräch sagt die Mitarbeiterin: „Bitte nehmen Sie mich aus diesem Projekt heraus. Das wird mir alles zuviel." Sie antworten daraufhin:

„Ich überlege gerade, warum das Projekt für Sie zuviel wird." Damit ermutigen Sie den anderen dazu, sich sein Problem einmal aus einer anderen Perspektive zu betrachten.

Fragen Sie zur Not noch einmal nach, wenn Sie etwas nicht verstanden haben. Lassen Sie sich durch unfreundliche Gegenbemerkungen wie: „Hab' ich mich nicht deutlich ausgedrückt?" oder „Muss ich hier alles zweimal sagen?" nicht verunsichern. Erklären Sie statt dessen im ruhigen Ton, warum Sie diese Frage gestellt haben: „Ich frage jetzt lieber noch einmal nach, damit wir später kein Problem durch eventuelle Missverständnisse bekommen."

⊃   Fassen Sie das Gesagte zusammen

Das Zusammenfassen der wichtigsten Aspekte einer Sachaussage zeigt, wie groß Ihr Interesse ist, den anderen zu verstehen. Außerdem beugen Sie auf diese Weise Missverständnissen vor. Immer wieder hat sich in Untersuchungen gezeigt, wie wenig sich die Zusammenfassung in eigenen Worten mit der Aussage des Gegenüber deckt. Auch scheinbar einfache Sachverhalte können von meinem Gegenüber anders verstanden werden. Durch die Anwendung von Zusammenfassungen werden diese Verständigungsschwierigkeiten aufgedeckt.

Versuchen Sie die Aussagen immer in Ihren eigenen Worten wiederzugeben und dabei den wesentlichen Kern der Aussage ohne Bewertung zu erfassen. Sonst wirken Ihre Bemühungen wie reines Wiederholen ohne eigene inhaltliche Auseinandersetzung mit dem Gesagten. In unserem Beispiel könnten Sie zum Beispiel fragen: „Wenn ich Sie richtig verstanden habe, möchten Sie nicht in einem so großen Projekt arbeiten, damit Sie mehr Zeit für Ihre Kinder haben?"

⊃   Beachten Sie die emotionale Ebene

Nicht nur der sachliche, sondern auch der emotionale Aspekt hat in einem Gespräch eine besondere Bedeutung. Lassen Sie Ihr Gegenüber merken, dass Sie seine Gefühle verstehen. An dieser Stelle darf nicht zuviel hinein interpretiert werden. Vorteilhaft ist es lediglich die emotionale Situation des anderen zu benennen: „Sie sind also durch die Doppelbelastung ziemlich gestresst?"

Auch Sie selbst können emotionale Begriffe verwenden. „Das hat Sie also *enttäuscht?*" „Das hat Sie *begeistert!*" „Sie fanden es *wundervoll?*" Das zeigt Ihrem Gegenüber, dass Sie ihn nicht nur auf der sachlichen, sondern auch auf der emotionalen Ebene verstehen.

Killerphrasen im Gespräch *Eine Frau betritt die Technikabteilung eines Kaufhauses, in der Hand den Prospekt der Wochenangebote. Die Abteilung ist bis auf eine Verkäuferin leer. Sie ist gerade dabei ein Regal mit Videokassetten aufzufüllen.*
Die Kundin geht zur Verkäuferin und grüßt höflich: „Guten Tag!"
Die Verkäuferin wendet kurz den Kopf: „Ja?"
„Ich suche diesen Videorecorder von Goodmovie, der diese Woche im Angebot ist."
„Wenn da nichts mehr steht, dann haben wir nichts mehr!"
„Hm, ja – Bekommen Sie den denn noch einmal rein?"
„Weiß ich nicht."
„Könnten Sie vielleicht nachfragen, ob das Gerät noch einmal reinkommt?"
„Keine Zeit, ich bin ganz allein in der Abteilung." Die Verkäuferin wendet sich ab und macht weiter „ihre Arbeit".

In drei Sätzen dreimal ein Nein in vollendeter Unfreundlichkeit. Ein ganz alltägliches Beispiel. Einige Menschen setzen ihre vermeintlichen Rechte und Meinungen mit Formulierungen durch, die von vornherein jegliche zwischenmenschliche Kommunikation im Keim ersticken. Diese Phrasen killen jedes Gespräch.

Wenn es um Nein sagen geht, erfreuen sich Killerphrasen besonderer Beliebtheit. Keine Methode ist nachhaltig effektiver, dem anderen mit aller Deutlichkeit ein Nein an den Kopf zu werfen und ihn mundtot zu machen. Eine Killerphrase – und das Thema ist hoffentlich ein für alle Mal vom Tisch. Diese Phrasen werden oft ganz bewusst als Strategie eingesetzt, damit keine weiteren Fragen gestellt werden. Man will seine Ruhe haben. Oder sie rutschen einem ungewollt heraus, weil man momentan genervt ist oder einfach keine Lust hat, sich mit dem Anliegen des anderen zu befassen.

Es ist wichtig, sich diese Phrasen bewusst zu machen. Einige der „handelsüblichen" Killerphrasen sind in der folgenden Tabelle aufgeführt. Prüfen

Sie einmal für sich, ob sich vielleicht die ein oder andere Killerphrase unbemerkt in Ihren eigenen Sprachgebrauch eingeschlichen hat:

Killerphrasen aus dem Alltag

- Das ist nicht mein Job.
- Dafür bin ich nicht verantwortlich.
- Kann nicht.
- Weiß ich nicht. Keine Ahnung.
- Keine Zeit.
- Das klappt doch nie.
- Ich bin nur Sekretärin.
- Das haben Sie sich wohl so gedacht.
- Das ist bei uns nicht üblich.

- Ich hab' schließlich noch was anderes zu tun.
- Das steht alles in Ihren Unterlagen.
- Ich hab' grad' Pause.
- Kann ich jetzt auch nicht ändern.
- Das wird überall so gemacht.
- Das ist nicht meine Abteilung.
- Hab' ich dich etwa darum gebeten?
- Das haben wir immer so gemacht.

Einige benutzen ganz versteckte Killerphrasen – sozusagen Killerphrasen für Fortgeschrittene. In dem Moment, wo Sie derartige, fast versteckte Killerphrasen verwenden, stellen Sie sich deutlich eine Stufe über den Gesprächspartner. Gerade sensible Menschen reagieren auf solche Bemerkungen gekränkt.

Killerphrasen für Fortgeschrittene

- Nun passen Sie mal auf.
- Wenn Sie mal ehrlich sind.
- Sie haben mich nicht richtig verstanden.
- Wie ich Ihnen gerade ausführlich erklärt habe.

- Da irren Sie sich.
- Jeder vernünftige Mensch weiß.
- Begreifen Sie doch endlich!
- Das haben wir doch besprochen.

Warum Killerphrasen Freundlichkeit verhindern

Sicher, ein Nein ist bei Verwendung einer Killerphrase deutlich ausgesprochen worden, aber ist diese Form der Kommunikation eine angenehme Form des Miteinander? Den anderen mundtot gemacht zu haben, um von sich selbst sagen zu können, man habe seine Bedürfnisse durchgesetzt und erfolgreich Grenzen abgesteckt? Knappe, endgültig ablehnende Aussagen stoßen vor den Kopf und lassen keine Möglichkeit eines fairen Dialoges zu. Der Fragende wird mit seinem Anliegen allein gelassen. Er kann sich selbst um sein Problem kümmern.

Wie würden Sie reagieren, wenn Sie mit einer Bitte an einen Verkäufer herantreten und der Sie mit einem unwirschen: „Dafür bin ich nicht zuständig" unterbricht? Sie werden sich mit Sicherheit ärgern, und wahrscheinlich fällt Ihnen auf diese Bemerkung noch nicht einmal eine passende Antwort ein.

Den Verkäufer kosten Sie so nicht seine Zeit. Aber etwas hat es ihn doch gekostet: er hat Sie als Kunden verloren.

Alternativen für Killerphrasen

Sie wollen eine Bitte ablehnen, Sie kommen einer Forderung nicht nach, oder Sie lehnen ein bestimmtes Verhalten ab. Beteiligen Sie sich bei der Lösung des Problems, suchen Sie mit nach Alternativen, dann wirken Sie hilfsbereit und freundlich. Selbst wenn Sie keine Lösung finden können, so fällt es doch auf, dass Sie sich bemüht haben. Signalisieren Sie Hilfsbereitschaft und Interesse, indem Sie sprachlich Gemeinsamkeiten schaffen:

Gemeinsamkeiten schaffen	
○ Guter Gedanke, zur Zeit passt Ihr Vorschlag aber nicht in unser Konzept. Wir werden es aber für später zurücklegen. ○ Das habe ich mich auch schon gefragt. ○ Interessanter Vorschlag.	○ Ich kann Sie gut verstehen, lassen Sie mich einen Moment nachdenken. ○ Das ist wirklich nicht einfach. Lassen Sie uns doch einmal überlegen, ob wir das anders machen können. ○ Ich weiß es im Moment nicht, aber ich werde es gern für Sie herausfinden. ○ Besser als ich kann Ihnen mein Kollege weiterhelfen. Der ist darauf spezialisiert.

Rhetorische Tricks und Kniffe

Sie müssen kein Meister der Rhetorik sein: Oft reichen schon kleine rhetorische Kniffe, um ein Nein freundlich, zuvorkommend und konstruktiv zu formulieren.

➲ Formulieren Sie ein klares Nein

Ein Nein sollte klar formuliert sein. Nehmen wir die Aussage: „Also, eigentlich wollte ich noch etwas anderes tun. Ich weiß jetzt nicht so recht." Erinnern Sie sich an den Tanz um den heißen Brei? Eine solche Antwort verunsichert den Gesprächspartner. Mit dieser unklaren Aussage ist ihm nicht geholfen. Menschen, die sich immer so unklar ausdrücken, erzeugen beim Gegenüber eine gewisse Gereiztheit, da der andere jedes Mal gezwungen ist nachzuhaken. Besser ist es, ein Nein auch als solches klar zu formulieren und den Sachverhalt für den anderen verständlich zu erklären. Das Gleiche gilt für Begründung und Alternativen. Auch sie sollten eindeutig zu verstehen sein.

➲ Geben Sie Zeitangaben

Gerade, wenn Sie noch einmal über Ihre Antwort nachdenken wollen, erklären Sie Ihrem Gegenüber, wie lange er sich noch gedulden soll. Nichts ärgert mehr als auf ein „bald" vertröstet zu werden und erst Tage später eine Antwort zu erhalten. Mit einer genauen Zeitangabe können Sie mehr Klarheit für Ihr Gegenüber schaffen.

„Es tut mir leid, Walter. Zur Zeit bin ich in das Projekt so eingebunden, dass ich keine Freiräume sehe, mir dein Konzept anzusehen. Ich werde aber noch einmal in die Planung schauen und dir morgen früh Bescheid geben, ob ich noch etwas Luft habe." Dieses Nein ist ein freundliches Nein, das den anderen nicht unnötig verärgert oder verletzt. Selbstverständlich ist es bei einer genauen Zeitangabe unerlässlich, sich auch an die Vereinbarung zu halten.

➲ Sprechen Sie Ihre Gefühle an

Es gibt Situationen, in denen es sinnvoll ist, den eigenen Gefühlszustand anzusprechen. Warum sollte es unausgesprochen bleiben, dass Ihnen ein Nein in einer bestimmten Situation nicht leicht fällt? Die Ablehnung erscheint dem Gesprächspartner so weniger hart: „Liebe Elke. Es tut mir wirklich leid, dich an dieser Stelle unterbrechen zu müssen. Ich brauche jetzt dringend ein bisschen

Ruhe, da ich an einem Projekt arbeite, das gleich fertig sein muss. Können wir bitte ein anderes Mal über dich und Klaus sprechen?" Selbstoffenbarung wird nicht selten mit übertriebener Gefühlsduselei in Verbindung gebracht. Doch gut plaziert signalisieren emotionale Aussagen Offenheit und erwecken Sympathie.

⊃ Ergreifen Sie die Initiative

Lautet Ihre Antwort „Nein", so befinden Sie sich sprachlich bereits in der Defensive. Der andere erwartet jetzt eine Begründung für Ihr Nein. Ohne diese Begründung besteht die Gefahr gleichgültig oder aggressiv auf Ihr Gegenüber zu wirken. Vor allem, wenn Sie vorher als Jasager bekannt waren und Ihr Nein unerwartet kommt.

Ergreifen Sie aber selbst die Initiative und erklären Sie von sich aus Ihre Meinung oder Ihre Entscheidung, greifen Sie der Erwartung des anderen voraus. Jetzt entscheiden Sie die weitere Richtung des Gesprächsverlaufs.

⊃ Machen Sie Übereinstimmungen deutlich

Zeigen Sie Übereinstimmungen und Gemeinsamkeiten immer deutlich auf. Zum Beispiel könnten Sie durchaus mit Ihrem Chef darin übereinstimmen, dass eine Arbeit tatsächlich noch erledigt werden muss. Trotzdem ist es Ihnen im Moment nicht möglich, diese Aufgabe zu erledigen. Durch dieses Vorgehen verringern Sie die Kluft zwischen sich und Ihrem Gesprächspartner. Übereinstimmungen zeigen, dass die Differenzen nicht überwiegen. So kommen Sie schneller zu einer Lösung.

⊃ Formulieren Sie positiv

Stellen Sie sich doch bitte vor, wie ein kleiner, rosa Eisbär *nicht* durch die Innenstadt läuft. Stellen sich weiter vor, wie der kleine, rosa Eisbär *nicht* in eine Eisdiele tappst und sich dort *keinen* großen Eiskaffee bestellt.

Und, haben Sie es geschafft, den nicht existierenden kleinen, rosa Eisbären aus Ihrer Vorstellung zu verbannen? Nein? Gut, dann geht es Ihnen so wie allen anderen:

Das Gehirn arbeitet ausschließlich in existierenden Bildern, nicht in Verneinungen. Hört man vom Skilehrer: „Haben Sie keine Angst, der Abhang ist nicht steil" werden direkt kleine Portionen Stresshormone ausgeschüttet, denn unser Gehirn registriert lediglich die Vorstellung von „Angst" und „steiler Anhang". Zwar sind wir soweit entwickelt, dass wir die Verneinung abstrakt verarbeiten können, einige der älteren Teile unseres Gehirns können wir aber nun einmal nicht ausschalten.

Versuchen Sie deshalb Ihr Nein so positiv wie möglich zu formulieren. Echten Meistern auf diesem Gebiet gelingt es sogar, eine Absage, eine Kritik oder Ablehnung so zu formulieren, dass der andere sich nach dem Gespräch hervorragend fühlt, nicht im Geringsten böse ist und sich statt dessen für das angenehme Gespräch bedankt, so zum Beispiel, wenn sich folgende Szene (eine wahre Begebenheit!) abspielt. Die Kollegin kommt freudestrahlend ins Büro: „Du, ich habe gerade eine Absage für einen Auftrag bekommen. Aber ich fühle mich total gut! Das ist doch seltsam, oder?" Auf die Frage hin, was denn so besonderes an diesem Gespräch gewesen sei, lautet die Antwort, die Dame habe sich so freundlich ausgedrückt, da habe sie kaum enttäuscht sein können. Sie habe es verstanden, die Absage so zu formulieren, dass sie nicht Negatives beinhaltet habe.

Zugegeben: Es ist nicht immer leicht, ein Nein ausschließlich mit positiven Worten zu formulieren. Es braucht viel Übung, sich in jeder Situation so perfekt ausdrücken zu können, insbesondere, wenn man selbst unter Druck steht.

Fragt Sie beispielsweise Ihr Chef: „Können Sie das bitte heute noch für mich erledigen?", wäre es sehr positiv, die Forderung abzulehnen, im gleichen Atemzug jedoch die Bearbeitung einer anderen Aufgabe in den Vordergrund zu stellen: „Danke für Ihr Vertrauen. Sie haben mir allerdings in der vergangenen Woche bereits einen Auftrag gegeben, den ich heute fertig stellen soll. Daher kann ich diese Aufgabe leider nicht übernehmen, ohne die andere zu verschieben."

➲ Kommen Sie zum Ende

Sehr leicht kann es zur folgenden Situation kommen: Sie haben freundlich und deutlich die Bitte Ihres Kollegen abgelehnt, am heutigen Abend für ihn Überstunden zu machen. Jetzt wollen Sie ihm eine verständliche Begründung geben: Ihre Mutter kommt heute Abend zu Besuch. Sie haben aber noch nicht eingekauft. Übrigens kommt Ihre Mutter ja so selten. Daher können Sie wirklich nicht einspringen. Außerdem muss der Hund heute Abend noch zum

Tierarzt und die Tante erwartet noch den ausstehenden Geburtstagsanruf. Kochen wollten Sie ja auch noch ...

Wer nicht daran gewöhnt ist, ein Nein freundlich und bestimmt zu formulieren, kann ins Schwimmen kommen, wenn er nicht mehr weiß, was er als Nächstes tun oder sagen soll. Durch immer neue Argumente verliert die erste Begründung seinen eindeutigen Charakter. Die anfänglich positive Wirkung wird zunichte gemacht und die Begründung wird zur Rechtfertigung.

3.3 Die Einstellung wird in der Körpersprache sichtbar

Ihre Körpersprache verrät viel über Ihre Stimmungen, Ihre Gedanken und Einstellungen. Was fühlen Sie, wenn Sie eine Bitte ablehnen? Ist Ihre Begründung für die Ablehnung tatsächlich die ehrliche, oder ist sie nur eine Ausrede? Sind die Alternativen, die Sie statt dessen anbieten, wirklich ernst gemeint? Haben Sie tatsächlich Interesse an dem Problem des anderen? All das lässt sich aus Ihrer Körpersprache herauslesen.

Die Ausdrucksmöglichkeiten des Körpers

Jeder Mensch drückt seine Persönlichkeit im Auftreten, in der Mimik, der Stimme und in den Bewegungen aus – mit seiner Körpersprache. Nicht allein die Argumentation, die Rhetorik zeigt, wer man ist und wie man denkt und fühlt. Gerade die Körpersprache ist es, die sich jenseits aller Worte dem anderen offenbart.

Dabei sind es oft die kleinen Gesten, die unscheinbare Veränderung in der Mimik, die kaum merklich veränderte Haltung des Körpers, die bedeutungsvoll für das Erkennen des anderen sind. Die größeren Bewegungen sind leichter zu steuern. Sie wollen Ihren Gesprächspartner freundlich und offen willkommen heißen. Sie lächeln ihn an, geben ihm die Hand, nicken ihm zu und stellen sich ihm direkt gegenüber. Ja, Ihre Gestik, Ihre Mimik und Haltung verfehlt nicht Ihre Botschaft des freundlichen Willkommens. Wie geht es Ihnen aber wirklich? Freuen Sie sich Ihren Gesprächspartner zu treffen, oder ist da nicht noch etwas anderes, wie zum Beispiel Zeitdruck? Ja, Sie sind sehr in Eile und haben tausend andere Dinge im Kopf. Jetzt kommt es auf die Kleinigkeiten Ihrer Körpersprache an. Wirkt Ihr Blickkontakt etwas unsicher? Ist

Ihre Gestik ein wenig fahrig und nervös? Wirkt Ihre Haltung etwas angespannt? An diesen kleineren Botschaften Ihrer Körpersprache lässt sich die zweite Wahrheit erkennen, Ihre eigentliche momentane Stimmung und Ihre Gedanken. Diese Kleinigkeiten lassen sich kaum steuern oder unterdrücken. Daher sind sie ein Indikator für das wirkliche Befinden. Auch wenn Sie, wie in diesem Beispiel, ganz bewusst Ihr Gegenüber freundlich und offen begrüßen, so drückt sich Ihre Körpersprache nicht nur zielgerichtet aus, sondern gibt Sie als ganze Person wieder.

Ein Lächeln zum Wohlfühlen

Wie der Volksmund so schön sagt: „Lachen ist die beste Medizin". Spätestens, wenn Sie sich einige Ihrer Mitmenschen anschauen, merken Sie, wieviel Wahrheit in dieser Aussage steckt. Warum sollen Sie sich deshalb die Wirkung eines Lächeln nicht zunutze machen? Wahrscheinlich haben Sie selber schon erfahren, wie angenehm ein entspanntes und lächelndes Gesicht auf Sie selber wirkt. Lächeln bringt das innere Gleichgewicht zurück und hilft Ihnen, Ihren Mitmenschen auch dann freundlich zu begegnen, wenn die Situation es zuerst gar nicht wahrscheinlich macht.

Angespannte Situationen werden entschärft oder treten gar nicht erst auf. Wer mit einem entwaffnenden, strahlenden Lächeln auf jemanden zugeht, kann seine Ziele und Wünsche leichter durchsetzen als diejenigen, die in Anbetracht der Ernsthaftigkeit einer Situation darauf verzichten. Und trotzdem neigen wir oft zu kräftezehrenden und unnachgiebigen Konflikten untereinander, bei denen es keine Gewinner, sondern meist nur Verlierer gibt.

Selbst wenn Ihnen gerade nach allem anderen, aber nicht nach herzlichem Lächeln zumute ist, können Sie die positiven Auswirkungen des Lächelns trotzdem für sich nutzen.

Am Anfang mögen Sie sich komisch und künstlich vorkommen – üben Sie das Lächeln zu Hause vor dem Spiegel, indem Sie sich nach dem Aufstehen anlächeln. Auch wenn das Lächeln am Anfang vielleicht etwas verkrampft wirkt, es hat viele Vorteile:

⊙   Um finster zu blicken, benötigen Sie über sechzig verschiedene Muskeln, beim Lächeln lediglich vier. Diese Erleichterung sollten Sie auf jeden Fall für sich nutzen.

⊙ Der Gegenüber ist entwaffnet – es ist nicht alltäglich, dass ein Nein von einem Lächeln begleitet wird.

⊙ Spätestens nach 90 Sekunden wird bei Ihnen selbst durch das Anheben der Gesichtsmuskeln die Ausschüttung von Endorphinen oder auch Glückshormonen angeregt. Diese führen dazu, dass sich Ihre Laune erheblich bessert. Was zu Beginn vielleicht ein künstliches Lächeln ist, wird sich zu einem echten, herzlichen Lächeln entwickeln, mit dem Sie ein Nein in jedem Fall freundlicher und gelassener formulieren können.

⊙ Ihr eigener Tag wird nicht durch einen schlecht gelaunten oder meckernden Menschen kaputtgemacht.

⊙ Nebenbei wird durch die Ausschüttung der Glückshormone noch Ihr Immunsystem gestärkt.

Natürlich ist nicht in jeder Situation ein Lächeln angebracht. Stellen Sie sich vor, ein guter Freund steht mit einem schwerwiegenden Problem vor Ihnen und erwartet Ihre Hilfe. Nicht nur, dass Sie diese Bitte ablehnen, nein, Sie tun dies auch noch mit einem herzlichen Lächeln. Sie können sich vorstellen, dass der Freund sich in diesem Moment nicht von Ihnen ernst genommen fühlt. Ein Lächeln muss immer auch zu der Situation passen. Aber oftmals wenden wir es nicht an, obwohl es sinnvoll wäre. Warum eigentlich nicht?

Die Wirkung der Körpersprache
Wenn Sie zu jemandem Nein sagen, dann tun Sie das nicht nur mit Worten, sondern auch mit Ihrem ganzen Körper. Daher reicht es nicht aus, wenn Sie nur auf Ihre Formulierungen achten. Auch Ihre Körpersprache kann freundlich oder auch ablehnend auf Ihr Gegenüber wirken. Wenn Sie Nein sagen, dann achten Sie doch einmal dabei auf die Sprache Ihres Körpers. Wie wirken Sie wohl in dieser Situation auf Ihren Gesprächspartner?

Michael kommt übellaunig ins Büro. Der Morgen hat für ihn schon schlecht begonnen. Die erste Frage, die seine Kollegin Ilse an ihn stellt lautet: „Du, ich habe seit dem Aufstehen furchtbare Kopfschmerzen. Kannst du mich bitte heute vertreten, ich würde gern nach Hause gehen?" Michael zieht ein langes Gesicht, stöhnt leise auf, dreht sich kurz von ihr weg, schlägt dann die Hände über den Kopf und sagt: „Sorry, wirklich nicht. Ich kann dich heute nicht vertreten, ich habe einen Termin auswärts. Erst heute Nachmittag kann ich einspringen, tut mir leid. " Ilse daraufhin: „*Ich mache das doch nicht absichtlich mit den Kopfschmerzen. Mir geht es wirklich nicht gut.*" *Michael antwortet mit genervter Stimme:* „*Ja, ja. Das weiß ich.*" *Die Kollegin fährt mit dem schlechten Gefühl nach Hause, das Michael ihr ihren Ausfall übel nimmt.*

Die Körpersprache von Michael wirkt auf Ilse sehr negativ. Er bestärkt ihr schlechtes Gewissen, nach Hause zu fahren. Es sind weniger seine Worte, die Ilse dieses negative Gefühl geben. Es ist seine Körpersprache. Michael hat seine Worte im Griff, aber seine Mimik, Gestik und Stimme entgleisen. Er gibt sich sprachlich Mühe, sein Nein verbindlich auszudrücken. Doch seine Enttäuschung und Verärgerung kann man an seinem Gesicht und seinen Bewegungen erkennen. Besonders die genervte Stimme zeigt Ilse, dass Michael nicht erfreut von ihrer Bitte ist. Natürlich bezieht sie Michaels Reaktion auf sich. Dass Michael einen schlechten Start in den Tag gehabt hat und seine körpersprachlichen Signale auch seine generelle Laune zeigen, kann sie nicht ahnen. Der Konflikt zwischen beiden ist da.

Uta ist im Stress. Sie ist heute allein in ihrer Abteilung des Kaufhauses für die Kunden zuständig. Zwei ihrer Kollegen sind krank. Zudem ist ein Artikel, den die Kunden ständig nachfragen, ausverkauft. Vor lauter Kundschaft kommt sie nicht dazu nachzuforschen, ob der Artikel nachbestellt werden kann. Gegen 16.00 Uhr kommt ein Kunde und spricht sie wieder auf den bereits ausverkauften Artikel an. Uta vergeht das Lächeln. Sie schaut den Kunden kurz an und sagt mit den Händen in der Hüfte: „*Leider ist er schon ausverkauft. Kann sein, dass er wieder reinkommt, das kann ich Ihnen im Moment leider nicht sagen. Schauen Sie doch die Tage noch mal bei uns vorbei.*" *Noch ein kurzes Nicken zum Kunden und Uta dreht sich ruckartig um und geht schnellen Schrittes zum nächsten wartenden Kunden.*

Utas Körpersprache signalisiert dem Kunden, dass sie im Moment nicht an seinem Wunsch interessiert ist. Die Worte, die sie sagt können freundlich, aber auch gleichgültig klingen. Über die Wirkung entscheidet ihre Stimme, ihre

Gestik, Haltung und Mimik. Utas ruckartige und schnelle Bewegungen zeigen, dass sie im Stress ist. Obwohl sie mit dem Kunden spricht, wirkt sie so, als würde sie sich keine Zeit für ihn und seinen Wunsch nehmen. Das fehlende Lächeln, das kurze Nicken, die ruckartigen Bewegungen wirken wie eine Abwehrreaktion. („Schnell den Kunden abfertigen.") Doch auch ohne mehr Zeit für den Kunden in Anspruch zu nehmen, hätte Uta auch freundlicher auf ihn wirken können. Das begrüßende Lächeln zu Anfang kostet keine Zeit, hat aber eine positive Wirkung. Auch die ruckartigen Bewegungen brauchen nicht weniger Zeit als etwas ruhigere und gelassenere Bewegungen. Hier hätte Uta mit kleinen körpersprachlichen Mitteln ihrem Nein eine freundlichere Wirkung geben können, ohne dass es sie mehr Zeit gekostet hätte.

Wirke ich immer so wie ich wirken will?

„Aber so habe ich das doch gar nicht gemeint!" Das könnte Michael aus dem vorangegangenen Beispiel zu seiner Kollegin am nächsten Tag sagen, als sie ihn bezüglich seines Verhaltens zur Rede stellt. „Ich weiß überhaupt nicht, wie du darauf kommst, ich würde dir deine Kopfschmerzen übel nehmen?"

So wie Michael geht es bestimmt auch Ihnen ab und zu. Wir verstehen nicht, warum ein anderer uns so falsch verstanden hat. Auch Uta wird auf eine eventuelle Beschwerde des Kunden, er wäre nicht freundlich beraten worden, wahrscheinlich mit Unverständnis reagieren. „Wieso, ich war doch freundlich!" Wie wir glauben, dass wir auf andere wirken und wie wir wirklich von unserem Gegenüber gesehen werden, ist meist recht unterschiedlich. Es erstaunt uns immer wieder, wie schnell wir missverstanden werden, obwohl wir uns doch so eindeutig ausgedrückt haben.

Gerade bei einem so sensiblen Thema wie dem Nein sagen ist die Wirkung, die wir auf den anderen haben, für uns von großer Bedeutung. Stellen Sie sich vor, eine Bekannte möchte sich etwas von Ihnen ausleihen. Da möchten Sie ihr doch nicht das Gefühl vermitteln: „Dir leihe ich nichts!" Egal aus welchen Gründen Sie das Gewünschte nicht herausgeben wollen, Sie möchten Ihre Bekannte nicht verletzen. Jetzt zögern Sie etwas mit Ihrer Begründung, kommen ins Schwimmen und Ihr bislang fester Blick wird ausweichend. Schnell kommt Ihre Bekannte zum Schluss: „Die will mir nichts ausleihen – die vertraut mir nicht." Dabei war es genau diese Reaktion, die Sie vermeiden wollten.

Setzen Sie Ihre Körpersprache bewusst ein

Ein gutes Gespräch und der bewusste Einsatz von Körpersprache hängen eng miteinander zusammen. Die beste verbale Gesprächstechnik nutzt nichts, wenn Sie Ihrem Gegenüber mit verschränkten Armen begegnen und einen Zentimeter an seinem Ohr vorbei an die Wand schauen.

An erster Stelle steht der Blickkontakt. Wenn Sie Ihrem Gesprächspartner in die Augen sehen, wirken Sie interessiert und kommunikationsbereit. Achten Sie darauf, den Blick zwischendurch immer wieder einmal abschweifen zu lassen, da ein permanenter Blickkontakt schnell als Starren unangenehm empfunden wird.

So wie Sie versuchen, Inhalte und Gefühle des Gesagten zu wiederholen, können Sie auch Körpersprache wiederholen und spiegeln. Nehmen Sie dafür bewusst die Haltung des anderen ein. (Dies gilt allerdings nicht bei aggressiven körpersprachlichen Signalen. Hier bewirken gegenteilige Signale eher Beruhigung.) Schlagen Sie zum Beispiel, wie der Gesprächspartner, die Beine übereinander oder falten Sie die Hände. Auch hier: Vorsicht vor übertriebenem Nachahmen! Das Spiegeln sollte fließend und natürlich erfolgen. Sie übersetzen sozusagen die Körpersprache Ihres Gegenübers in die Ihre. Auch wenn Ihr Gesprächspartner dies nicht bewusst wahrnimmt, spürt er eine gewisse Gleichheit und Harmonie zwischen Ihnen beiden.

Nehmen Sie zusätzlich eine leicht vorgebeugte Haltung ein, wenn der andere spricht. Sie erzeugen durch diese Haltung eine gewisse Vertraulichkeit, nach dem Motto: „Ich bin interessiert an dir und dem Gesagten". Lehnen Sie sich dagegen zurück, ist der andere gezwungen seine Stimme zu heben und sein Anliegen laut zu äußern.

Wenn Sie merken, dass Ihr Gegenüber unruhig, emotional aufgebracht oder wütend ist, achten Sie bewusst darauf, dass Sie selbst entspannt stehen oder sitzen. Ihre Haltung wirkt sich auf Ihr Gegenüber aus. Ihre Bewegungen sollten dabei aber etwas ruhiger wirken als die Ihres Gesprächspartners.

4 Besonderheit Telefon

4.1 Freundlich am Telefon

Das Telefon macht es uns leichter ein schnelles und klares Nein zu formulieren. Schließlich müssen Sie Ihrem Gesprächspartner dabei nicht in die Augen schauen und Sie stehen ihm nicht frontal gegenüber. Die körpersprachlichen Ausdrucksmöglichkeiten sind stark reduziert. Mimik und Gestik sind nicht zu erkennen – Sie können Ihr Gegenüber weder sehen, noch riechen, noch fühlen. Die Sinneswahrnehmung ist ganz auf das Hören beschränkt.

Durch diese Anonymität kommt es oft zu kurzen, nicht begründeten Neins, die wenig Verbindlichkeit beinhalten. Dabei handelt es sich bei dem Gesprächspartner am anderen Ende ebenso um einen Kunden, einen Kollegen, den Chef oder einen Verwandten, der mit Ihrem Nein zurechtkommen soll. Die Konsequenzen sind nicht viel anders als in einem persönlichen Gespräch. Daher sollte gerade am Telefon Ihr Nein besonders freundlich formuliert werden, da der andere Ihre Körpersprache nicht sehen und bewerten kann. Ihre Worte und Ihre Stimme gewinnen dadurch stark an Bedeutung.

Am Telefon sympathisch klingen

Eine positive Einstellung zum Menschen am anderen Ende der Leitung ist eine unabdingbare Voraussetzung für ein freundliches Verhalten.

Vor allem mit Ihrer Stimme können Sie Verständnis, Bedauern, Zuwendung oder Verbindlichkeit deutlich machen. Genauso, wie wir sonst durch Sport und Fitness andere Teile unseres Körpers trainieren, können Sie auch Ihre Stimme und Ihre Sprechweise trainieren:

Die Körperhaltung und Atmung

Motto: „Der andere kann mich ja nicht sehen, also mache ich es mir einmal ganz gemütlich." Und da sitzen Sie nun: Füße hoch gelegt, der Körper tief in den Sessel gedrückt. Probieren Sie jetzt einmal etwas zu sagen und dabei gleichzeitig der Stimme einen freundlichen Klang zu geben – es ist fast unmöglich. Die Stimme klingt aus einer solchen Haltung heraus meist gepresst und zudem noch undeutlich. Um positiv zu klingen, fehlt Ihnen bei dieser Haltung die innere Spannung und Sie verhindern so eine fließende Atmung.

Wenn wir falsch atmen, zum Beispiel indem wir die Luft anhalten oder hektisch Luft holen, registriert das unser Gesprächspartner unbewusst und nimmt unsere Stimmung mit auf. So spürt der Anrufer genau, ob Sie unsicher, unruhig oder sogar gelangweilt sind.

Atmen Sie deshalb ruhig und tief durch, bevor Sie den Hörer abheben. Fangen Sie erst an zu sprechen, wenn Sie wieder ausgeatmet haben.

Der Schwung in der Stimme

Die lebendigen Augen müssen über den Klang der Stimme kommuniziert werden. Unser Telefonpartner kann Ihr buntes Frühlingsoutfit oder Ihre Sonnenbräune leider nicht sehen. Wollen Sie Ihre Frühlingsstimmung und Ihre gute Laune trotzdem in das Gespräch mit einfließen lassen, geben Sie Ihrer Stimme ruhig ein wenig mehr Schwung als Sie es in einem persönlichen Gespräch tun würden. Was von Auge zu Auge vielleicht ein wenig übertrieben ist, klingt am Telefon gerade richtig.

Das Lächeln am Telefon

Ihr Lächeln ist am anderen Ende der Leitung sehr gut zu hören – es gibt kaum eine bessere Möglichkeit, seine Stimme freundlich und nett klingen zu lassen. Zum einen verbessert sich fast automatisch die Aussprache, weil Ihre Kiefermuskulatur durch ein Lächeln gelockert wird. Zum anderen macht ein Lächeln es Ihnen leichter, freundlich auf einen vielleicht harschen Gesprächspartner zu reagieren. Sie sind dann gar nicht in Stimmung, sich von der schlechten Laune des anderen anstecken zu lassen. Darüber hinaus nehmen Sie Einfluss auf die Stimmung und das Verhalten Ihres Gesprächspartners. Wer schreit schon gern eine ausnehmend freundliche Telefonstimme an?

Das sympathische Sprechen

Vielleicht gehören Sie zu den dynamischen Schnellrednern. Vielleicht aber auch zu den sehr gründlichen, langsam und überlegt sprechenden Menschen. Hat der andere eine Ihnen gegenüber völlig unterschiedliche Sprechgeschwindigkeit, sind beide Seiten schnell entnervt. Die eine Seite, weil es nicht vorwärts geht, die andere Seite, weil es zu schnell geht. Keine gute Voraussetzung für eine entspannte Gesprächsbasis! Wollen Sie am Telefon freundlich auf Ihren Gesprächspartner eingehen, passen Sie deshalb Ihre Sprechgeschwindigkeit an. Das kann die Beziehung wesentlich verbessern und macht Sie für den anderen sympathisch. Übertreiben Sie dabei jedoch nicht. Der Anrufer könnte sich ansonsten auf den Arm genommen fühlen.

Die richtige Wortwahl

Es gibt Wörter und Redewendungen, die ein Telefonat stören und ungeahnt viele Sympathiepunkte kosten. Dazu gehören je nach Gesprächspartner die Verwendung von Slangwörtern oder Umgangssprache wie „boah", „geil", „absolut", „korrekt", oder was sonst gerade aktuell ist. Sie wirken in der Regel unseriös und vermitteln den Eindruck, Sie würden den anderen und sein Anliegen nicht ganz ernst nehmen: „Boah, Sie haben vielleicht Ansprüche. So läuft das bei uns aber nicht". Zudem verbauen Sie sich durch Umgangssprache leicht die Basis für eine Behandlung des Anliegens auf der Sachebene.

Genauso störend ist die Verwendung unbekannter Abkürzungen. In unserer sich immer mehr spezialisierenden Zeit gibt es fast für jede Branche und jeden Interessenbereich eine große Zahl von Abkürzungen, die nur dem betreffenden Umfeld bekannt sind: „Tut uns leid, der GTZ-Bereich ist wegen der INIFS-III Prozedur nicht zuständig. Ich verbinde Sie dann an den DFP."

Vermeiden Sie es ebenso allzu viele Fremdwörter zu verwenden, da sie ein Ungleichgewicht in der Gesprächssituation fördern. Fremdwörter hören sich vielleicht bedeutsam an, bringen das Gespräch aber in keiner Weise weiter, außer beide Gesprächsteilnehmer sind mit diesem Sprachgebrauch vertraut.

Während im persönlichen Gespräch immer noch ein fragender Blick eine schnelle Korrektur des Gesagten herbeiführen kann, muss beim Telefonat genau nachgefragt werden. Der Gesprächspartner wird dadurch genötigt, Nicht-Wissen zu offenbaren. Ersparen Sie Peinlichkeiten und Missverständnisse, indem Sie gebräuchliche Wörter verwenden.

Namen machen sympathisch

Die ausführlichste und freundlichste Begrüßung kommt nicht an, wenn Sie Ihren Namen nicht preisgeben. Den Firmennamen nennen und einen guten Tag, Guten Morgen, Guten Abend wünschen, das sind wichtige Elemente einer Begrüßung. Trotzdem bleibt das Gespräch anonym, wenn Sie Ihren Namen nicht nennen: „Guten Tag, Baumarkt Hoheholz, Reklamationsabteilung, wie kann ich Ihnen helfen?" Auf dieser Basis bleiben Sie letztendlich ein gesichts-loser Vertreter Ihrer Firma.

Nennen Sie daher am Telefon Ihren Namen. Zusätzlich empfehlenswert ist es, Ihren Vornamen mit zu nennen. Das erhöht den eigenen Sympathie-wert. Zum anderen hat der Anrufer so Gelegenheit, sich darauf einzustellen, dass jetzt Ihr Nachname kommt. Nennen Sie den Namen am Ende Ihrer Be-grüßung, erhöht sich zudem die Wahrscheinlichkeit, dass der andere Ihren Namen behält und darüber hinaus seinen eigenen Namen nennt.

Kleiner Tipp: Ganz zu Beginn Ihrer telefonischen Begrüßung sollte kein wichtiger Inhalt wie ein kurzer Firmenname oder Ihr eigener Nachname plat-ziert sein. In den ersten Zehntelsekunden registriert das menschliche Ohr nur Geräusche, erst kurz danach wird der Inhalt verarbeitet. Ein freundliches „Guten Tag" oder das Wörtchen „Firma" reichen schon, diese kurze Orientie-rungsphase des Ohrs zu überbrücken.

Freundlich weiterverbinden:

So oder ähnlich spielt es sich leider noch in vielen Unternehmen ab. Kunde: „Guten Tag, ich habe ein Problem mit meiner Computersoftware ...", Mitar-beiter: „Einen Moment, ich verbinde Sie weiter ..." – Klick, das war's. Und dann hängen Sie in einer Warteschleife mit schmissiger Musik, während Sie im Geiste Ihr Geld für die teure Servicenummer verschwinden sehen. Wenn Sie dann doch noch jemanden an die Leitung bekommen und die Verbindung nicht schon vorher wegen Überlastung zusammengebrochen ist, müssen Sie Ihr Anliegen ein zweites, drittes oder viertes Mal erzählen. Der vierte Ge-sprächspartner wundert sich dann, wenn Sie ihn daraufhin wütend begrüssen.

Im Grunde mag niemand weiterverbunden werden, da es sich immer um irgendeine Form des Weiterreichens handelt. Es ist aber leider nicht immer möglich, das Gewünschte an Ort und Stelle zu erledigen. Das Weiter-verbinden können Sie jedoch genau so freundlich gestalten wie jedes andere Nein auch.

Merken Sie, dass Sie dem Anrufer nicht helfen können, notieren Sie als erstes Namen und Anliegen, bevor Sie dem Anrufer Auskunft darüber geben, warum und an wem Sie ihn durchstellen werden. Bevor Sie den Anrufer weiterverbinden, informieren Sie am besten den Kollegen, Mitarbeiter usw., worum es sich handelt, damit der Anrufer seine Geschichte nicht noch einmal erzählen muss. Sind im Vorfeld Thema und Zuständigkeiten abgeklärt, erspart man sich und dem Anrufenden viel Zeit und Nerven.

4.2 Nein sagen zu Aggressionen am Telefon

Manche nutzen die Anonymität des Telefons, um den Gesprächspartner zu beschimpfen und ausfallend zu werden. Der fehlende Blickkontakt macht ein solches Fehlverhalten möglich. Als Reaktion darauf einfach aufzulegen ist im Berufsalltag selten möglich, auch wenn wir es uns alle schon oft gewünscht haben. Dennoch, besonders freundlich ist es nicht, Gleiches mit Gleichem zu vergelten und professionell wirken Sie dadurch schon gar nicht. Sagen Sie auf andere professionellere Art Nein zu dem Verhalten Ihres Gegenübers. Lassen Sie sich nicht auf die gleiche Art der Kommunikation ein, die Ihr Gesprächspartner gewählt hat und Ihnen aufzwingen will. Wirken Sie durch Höflichkeit und Ruhe seiner emotionalen Aufregung entgegen. Verbieten Sie sich sein Verhalten, indem Sie es übergehen und nicht anfangen mit ihm über sein Fehlverhalten zu diskutieren. Das führt nur zu weiteren Ärgernissen und wird Sie Ihrem Ziel, den Anruf schnellstmöglich zu beenden, nicht näher bringen. Verfolgen Sie statt dessen diese Strategie:

- ⊙ Zuhören
- ⊙ Verständnis zeigen
- ⊙ Lösungen anbieten
- ⊙ Versprechen einhalten

⊃ Zuhören

Hören Sie ihm erst einmal gut zu, lassen Sie ihn sich all seinen Ärger von der Seele schimpfen. Geben Sie durch Äußerungen wie, „Ah", „Oh" und „Hmm" zu erkennen, dass Sie weiterhin zuhören. Versuchen Sie zu verstehen, was Ihr Gegenüber sagen möchte. Damit Sie hinterher nicht fragen müssen: „Können Sie mir das jetzt noch einmal in Ruhe erzählen?" Dann können Sie nämlich davon ausgehen, dass Ihr Gegenüber, der gerade eben etwas ruhiger geworden ist, sofort wieder aggressiver werden wird.

⊃ Verständnis signalisieren

Sie müssen sich nicht entschuldigen, um einen wütenden Anrufer zu beruhigen. Es reicht schon, wenn Sie ihm signalisieren, dass Sie seinen Ärger verstehen. Aussagen wie: „Ich verstehe Ihren Ärger", „Es tut mir leid, dass Sie solche Unannehmlichkeiten hatten", zeigen Ihr Einfühlungsvermögen. So bringen Sie Ihren Gesprächspartner dazu, Ihnen Vertrauen zu schenken. Die meisten Menschen sind keine bösartigen Choleriker oder Sadisten, die aus Spaß bei Ihnen anrufen, um Sie zu beschimpfen. Nur aufgrund großen Ärgers verlieren sie die Kontrolle über ihre Reaktionen. Nicht selten entschuldigen sie sich hinterher für ihr schlechtes Benehmen.

⊃ Lösungen anbieten

Jetzt kommen wir zum eigentlichen Grund des Anrufes. Der Anrufer will ja meistens nicht nur schimpfen, er möchte eine Lösung für sein Problem. Bieten Sie ihm Hilfe an. Auch wenn Sie ihm nicht direkt weiterhelfen können, bieten Sie ihm Zwischenlösungen an. Zum Beispiel: „Ich werde mich erkundigen und rufe Sie morgen um 10.00 Uhr zurück".

⊃ Versprochen ist versprochen

Halten Sie sich auch an die gegebenen Versprechen. Gerade wenn ein verärgerter emotionaler Mensch kurz zuvor zu Ihnen Vertrauen gefasst hat, sollten Sie ihn nicht enttäuschen. Dies würde dann vollends zur Eskalation führen.

4.3 Nein sagen zu Dauerrednern am Telefon

Gerade am Telefon sind sogenannte Dauerredner in ihrem Element. Ungebremst von abweisender Körperhaltung oder reduziertem Blickkontakt können sie ihre Ausführungen endlos in die Länge ziehen.

Nicht immer haben Sie die Zeit, sich über einen längeren Zeitraum mit einem Anrufer zu befassen. Wie können Sie nun Ihren Gesprächspartner unterbrechen, ohne dabei unfreundlich zu wirken?

➔ Nennen Sie Namen

Sprechen Sie den Anrufer sehr oft mit seinem Namen direkt an – irgendwann merkt auch der Dauerredner, dass er angesprochen ist. Das weist ihn diskret darauf hin, dass er bereits seit einer halben Stunde im Mittelpunkt steht.

➔ Geschlossene Fragen

Stellen Sie nur geschlossene Fragen. Geschlossene Fragen verlangen präzise Antworten, die weniger Spielraum für eine längere Ausführung lassen als offene Fragen. Anstelle: „Wann hast du dir denn die Abgabe des Berichtes vorgestellt?", ist die Formulierung „Soll der Bericht bis heute Abend fertig sein?" besser, da er nur die Alternativen „Ja" oder „Nein" zulässt. Auf diese Weise nehmen Sie das Gespräch selbst in die Hand.

➔ Zusammenfassen

Fassen Sie die Aussagen des Dauerredners kurz als Verständnisfragen zusammen, die der andere nur bestätigen oder ablehnen kann. Damit beschneiden Sie ihn nicht nur unauffällig in seinen Ausführungen, Sie beschließen auch ein Thema, indem Sie es selber noch einmal zusammenfassen.

➔ In Vergangenheit überwechseln

Haben Sie das Gefühl, die wichtigen Punkte seien zufriedenstellend erläutert, fangen Sie an, in der Vergangenheitsform zu sprechen: „Gut, dass wir eine Lösung gefunden haben", „Gut, dass wir das besprochen haben."

➔ Maßnahmen ankündigen

Hört der Dauerredner trotzdem nicht damit auf sich zu wiederholen, sagen Sie ihm, was Sie gleich nach dem Gespräch für ihn tun werden: „Gleich, wenn wir dieses Gespräch beendet haben, werde ich den Brief an Herrn Soll verfassen." Zwei Dinge erreichen Sie dadurch: Zum einen weiß der Anrufer, dass Sie ihm eine konkrete Lösung für sein Problem anbieten, zum anderen, dass sich die Umsetzung der Problemlösung durch sein Reden nur noch weiter nach hinten schiebt.

➲ Gesprächsende einleiten

Bedanken Sie sich für das angenehme Gespräch und zeigen Sie dadurch, dass alles Wesentliche besprochen ist. Bedanken Sie sich für das Gespräch. Sie wirken dadurch immer noch höflich, weil Sie die Etikette und die gute Kinderstube wahren.

5 Lernen Sie, freundlich Nein zu sagen

„Dass jeder alles kann, erscheint uns unmöglich. Darauf kommt es aber gar nicht an. Wichtig ist vielmehr, dass wir eine Vielzahl von Fähigkeiten entfalten können, wenn wir ihnen nur Raum und Zeit geben.“ (Nofrat Peseschkian)
Dieses Kapitel enthält Anregungen, Ihre Fähigkeit freundlich Nein zu sagen durch Übungen zu verbessern. Wenn Sie sich dieses Kapitel durchgelesen haben, werden Sie vielleicht die eine oder andere Übung ausprobieren wollen. Am Ende des Buches finden Sie das 4-Wochen-Programm. Es hilft Ihnen, Ihre eigenen Fortschritte zu erkennen. Bevor Sie sich diesem Programm widmen, machen Sie sich bitte mit den allgemeinen Strategien vertraut, die in diesem Kapitel vorgestellt werden. Es kann sein, dass Sie einige Themen für sich als besonders wichtig, andere wiederum als überflüssig erkennen. Damit Sie eine Auswahl, der für Sie interessanten Themen treffen können, sind die hier aufgeführten Strategien und Tipps allgemein beschrieben.
Wer das 4-Wochen-Programm am Ende des Buches durchführen möchte, sollte dem nächsten Abschnitt besonders viel Aufmerksamkeit widmen.

5.1 Entwicklung einer persönlichen Strategie – Tipps zur Umsetzung

„Als ich merkte, dass von Leuten mit gleichen Fähigkeiten, die einen sehr arm, die anderen aber sehr reich sind, verwunderte ich mich, und es schien mir eine Untersuchung wert, wie das kommt. Da stellte sich nun heraus, dass das ganz natürlich zuging. Wer nämlich ohne Plan handelte, an dem rächte es sich: wer sich aber mit angespanntem Verstand bemühte, der arbeitete schneller, leichter und gewinnbringender.“ (Sokrates, um 470–399 v. Chr.)
Da war sie wieder, die alte Geschichte: Der Vorgesetzte von Peter steckt den Kopf zur Tür herein und erteilt ihm einen Auftrag, der bis morgen früh fertig sein muss. Peter weiß, dass dies nur mit erheblichen Überstunden zu schaffen ist. Seine Verabredung für heute Abend scheint geplatzt, so wie die der letzten Abende auch. Peters Stimme überschlägt sich: „Nein, heute können Sie nicht auf mich zählen. Ich bin es leid, ständig diese Überstunden. Ich gehe heute pünktlich um 17.00 Uhr nach Hause!“ Der Chef reagiert wütend und droht: „Wenn mir der Auftrag nicht bis morgen bearbeitet vorliegt, werde ich

mir überlegen, ob ich Sie hier überhaupt noch brauche!" Peter wird aus dieser Runde wahrscheinlich nicht als Sieger hervorgehen.

Situationen, bei denen wir mit der Notwendigkeit konfrontiert werden uns abgrenzen zu müssen, treten oft unerwartet auf. Unvorbereitet gelingt es kaum, sein Nein freundlich zu formulieren. Was Peter hier fehlt, ist eine persönliche Strategie, wie er mit solchen oder ähnlichen Situationen umgehen will. Hätte er eine solche Strategie für sich erarbeitet, wäre sein Handeln über das bloße Reagieren hinausgegangen.

So könnte Peters allgemeine Strategie aussehen:

„Ich platze nicht direkt mit meinem Nein heraus, sondern warte ab, bis ich etwas ruhiger geworden bin und nachgedacht habe. Dann verbaue ich mir keine Beziehung durch unüberlegte Handlungen."

Statt in der Wut unklug herauszuplatzen, hätte Peter überlegt und registriert: ‚Moment: Ich möchte heute keine Überstunden machen. Auch in Zukunft möchte ich diese Überstunden reduzieren. Ich habe dies aber noch nicht mit dem Chef besprochen. Er weiß also noch nichts von meinem Wunsch. Dieser Auftrag ist dringend, also werde ich ihn heute noch fertig stellen. Aber ich werde gleich jetzt meinen Chef um einen Termin bitten, indem ich ihm mitteilen werde, dass ich nicht mehr bereit bin so oft Überstunden zu machen. Jetzt bin ich viel zu wütend für ein effektives Gespräch. Ich weiß von mir selbst, dass ich ruhig viel geschickter formulieren kann und dass meine Körperhaltung dann wesentlich entspannter ist. Deshalb atme ich jetzt tief durch und bitte meinen Chef um dieses Gespräch.'

Durch diese Gedanken, in denen Peter seine allgemeine Strategie durchspielt, verhindert er, aus der Wut heraus zu reagieren. Diese Gedanken nehmen übrigens gar nicht so viel Zeit in Anspruch. Mit ein bisschen Übung kommen Ihnen die wesentlichen Eckpfeiler Ihrer Strategie schnell in den Sinn. Ihr Gegenüber wird so keine große Pause im Gespräch bemerken.

Es sind die überstürzten Reaktionen, die einem freundlichem Nein im Weg stehen. Daher ist es sinnvoll, eine eigene Handlungsstrategie zu entwickeln. So werden Sie nicht mehr so einfach von überraschenden Forderungen überrumpelt. Vielleicht haben Sie auch schon die Erfahrung gemacht in solchen Situationen völlig falsch reagiert zu haben und sich darüber hinterher maßlos geärgert.

⊃ Sammeln Sie Situationen

Als ersten Schritt sollten Sie Situationen benennen, in denen Sie gern ein freundliches Nein formulieren möchten, es Ihnen aber nicht recht gelingt. Vielleicht werden Sie hier bereits merken, dass die gefundenen Situationen alle ähnliche Merkmale haben.

Die folgenden Fragen können Sie als Leitfaden benutzen, um Ihr eigenes Verhalten zu reflektieren:

- ⊙ In welchen Situationen möchten Sie überhaupt Nein sagen?
- ⊙ Sind diese Neins tatsächlich angebracht, oder entspringen sie einem Prinzip? (Beispielsweise: „Ich mache aus Prinzip keine Überstunden." Oder: „Wer mich aggressiv anspricht, dem sage ich direkt klipp und klar, dass ich das nicht möchte.")
- ⊙ Machen Sie die Art, wie Sie Ihr Nein formulieren, von der Person Ihres Gegenübers abhängig? Oder versuchen Sie, die Kunst des freundlichen Neins überall in gleichem Maße einzusetzen, gleichgültig, ob es sich bei der Person um Ihren Vorgesetzten, Kunden, Kollegen, Freund oder um eines Ihrer Kinder handelt?
- ⊙ In welchen Situationen fällt Ihnen freundlich Nein sagen besonders schwer? In welchen Momenten kommt es Ihnen ganz leicht über die Lippen?
- ⊙ In welcher Verfassung wirkt Ihr Nein freundlich und in welcher eher aggressiv oder kränkend? Sollten Sie sich über Ihre Wirkung auf andere nicht sicher sein, fragen Sie ruhig Freunde oder Kollegen.
- ⊙ Welche Umstände führen dazu, dass Sie zu heftig reagieren, beziehungsweise sich in Ihr Schneckenhaus zurückziehen? Liegt es an der Umgebung, an der Arbeit oder sind die Gründe eher bei Ihnen zu suchen?
- ⊙ Wo liegen Ihre persönlichen Grenzen? Wann fällt es Ihnen schwer, freundlich zu reagieren?
- ⊙ Was möchten Sie selbst? Wo liegen Ihre Stärken und Schwächen? Reden Sie lieber selbst oder bevorzugen Sie es, dem anderen zuzuhören?
- ⊙ Welche Eigenschaften haben Sie? Sind Sie eher ruhig, lebendig, ängstlich, launisch, empfindlich usw.?

⊃ Benennen Sie Ihr Problem

Wenn Sie die Situationen und Ihre bisherigen Reaktionen aufgeschlüsselt haben, fällt es Ihnen zunehmend leichter, sie im alltäglichen Leben zu erkennen. Auf diese Weise können Sie effektiv vorschnelle Reaktionen verhindern.

Als nächsten Schritt benennen Sie bitte Ihre Probleme, die Sie in bestimmten Momenten oder bei bestimmten Personen beim freundlichen Nein sagen haben.

⊙ Sind es die äußeren Faktoren, die Sie stören?

⊙ Welches Verhalten von Personen macht es Ihnen schwer, freundlich Nein zu sagen?

⊙ Kommt Ihr eigenes Auftreten nicht so an, wie Sie sich das vorstellen?

⊙ Mangelt es Ihnen noch an rhetorischen Fertigkeiten?

⊙ Fällt es Ihnen schwer, ein Nein freundlich zu formulieren, oder haben Sie Schwierigkeiten damit, klar und selbstsicher Nein zu sagen?

⊙ Fühlen Sie sich eher unsicher oder eher aggressiv, wenn Sie Nein sagen möchten?

⊃ Formulieren Sie realistische Ziele

Jetzt ist es an der Zeit, dass Sie für sich überlegen, was genau Sie erreichen wollen. Wenn Sie pauschal sagen: „Ich werde nie wieder Überstunden machen", oder: „Ich werde nie wieder Ja sagen, wenn ich doch eigentlich Nein sagen will", setzen Sie sich zu hohe und unrealistische Ziele, die Sie wahrscheinlich nicht erreichen werden. Darum ist es notwendig, dass Sie so realistisch wie möglich an die Sache herangehen. Betrachten Sie noch einmal das Beispiel mit den Überstunden: Sie haben für sich erkannt, dass Sie nicht mehr so viele Überstunden machen wollen. Diesen Standpunkt möchten Sie Ihrem Vorgesetzten freundlich, aber deutlich klarmachen. Überlegen Sie sich nun, was Sie tatsächlich erreichen können: Nie mehr Überstunden? Oder ist eine Reduzierung der Überstunden in Anbetracht der betrieblichen Umstände realistischer?

⊃ Finden Sie Lösungen

Sammeln Sie möglichst viele Ideen, was Sie tun können, um Ihr Nein klar und freundlich zu formulieren. Schreiben Sie alle Ideen auf, die Ihnen einfallen. Auch die, die Ihnen im ersten Moment albern oder absurd erscheinen.

Schließlich wollen Sie neue Ideen entwickeln und nicht im alten Fahrwasser bleiben. Zudem ist eine absurd klingende Idee oft nur unausgereift und noch nicht weiterentwickelt. Bitte bewerten Sie in dieser Phase keine Ihrer Ideen. Solche Ideen könnten sein:

Für das Überstunden-Beispiel: dem Vorgesetzten eine Ausarbeitung vorzulegen, wie die Arbeit effektiver und mit weniger Überstunden bewältigt werden kann. Für das Nein sagen zu den ewigen Intrigen im Büro: Verwendung von rhetorischen Techniken, um die Stimmung im Büro angenehmer zu gestalten. Bei Neigung zu vorschnellen wütenden Reaktionen: kurze Anti-Stress-Übungen durchzuführen, um andere Menschen nicht vor den Kopf zu stoßen.

Versuchen Sie mindestens drei Lösungsansätze zu finden, damit Sie eine Auswahl haben.

⮑ **Bewerten Sie Ihre Ideen**

Erst, wenn Sie alle Alternativen gesammelt haben, überprüfen Sie Ihre Lösungen hinsichtlich ihrer Vor- und Nachteile.

Machen Sie sich eine zweispaltige Tabelle, in der Sie für alle Ihre Lösungen die kurz- und langfristigen Folgen Ihres Handels überdenken. Stellen Sie in der ersten Spalte die Vor- und in der zweiten Spalte die Nachteile einer Idee gegenüber. So können Sie strukturiert vorgehen und behalten den Überblick.

1. Lösung:

Kurzfristige Konsequenzen	Langfristige Konsequenzen
⊙	⊙
⊙	⊙
⊙	⊙

2. Lösung:

⊙	⊙
⊙	⊙
⊙	⊙

3. Lösung:

⊙	⊙
⊙	⊙
⊙	⊙

Zusätzlich können Sie durch mehrere Plus- oder Minuspunkte bewerten, ob es sich um wichtige oder eher unwichtige Konsequenzen handelt.

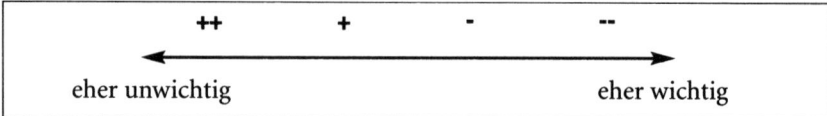

Jetzt haben Sie alles schriftlich vorliegen. Suchen Sie sich nun anhand Ihrer Aufzeichnungen die günstigste Strategie heraus und schreiben Sie sich diese noch einmal gesondert auf.

⮑ Setzen Sie Ihre persönliche Strategie um

Die Umsetzung ist verständlicherweise am schwierigsten. Die ersten Male fällt Ihnen die Übung vielleicht noch schwer. Aber je mehr positive Rückmeldungen Sie durch Ihr zunehmend freundliches und selbstsicheres Auftreten erhalten, desto mehr werden Sie in Ihren Bemühungen bestärkt. Überlegen Sie sich Schritt für Schritt, wie Sie Ihren Plan umsetzen wollen.

Denken Sie noch einmal an das Beispiel „Nein gegen zu viele Überstunden": Angenommen, Sie haben sich für die Lösung entschieden, dem Chef eine Ausarbeitung vorzulegen, wie die Arbeit ohne Überstunden effizienter erledigt werden kann. Fragen Sie sich jetzt: Was ist zu tun? Welche Informationen benötige ich? Welche Vorbereitungen müssen getroffen werden? Wie werde ich bei der Präsentation meines Vorschlags auftreten? Was genau sage ich? Wie reagiere ich auf Gegenargumente? Was tue ich, wenn ich mich innerlich aufrege? Was tue ich, wenn ich merke, dass ich wieder nachgebe? Je realistischer Sie sich die Situation vorstellen, desto besser sind Sie vorbereitet. Am besten, Sie schreiben sich auf, wie Sie vorgehen wollen, das gibt Ihnen mehr Sicherheit.

⮑ Blicken Sie zurück

Auch, wenn Sie mit Ihrer Strategie erfolgreich waren, vergessen Sie nicht vor lauter Freude, die ganze Situation noch einmal kritisch zu betrachten. Es gibt im Nachhinein fast immer Punkte, die sich optimieren lassen. Hat es nicht so gut geklappt und sind Sie trotz guter Planung doch wieder zu Ihrem alten Verhalten zurückgekehrt, haben Sie vielleicht den einen oder anderen Punkt in Ihrer Planung übersehen.

Überlegen Sie sich, wo die Ursachen dafür liegen könnten: Haben sich unvorhergesehene Schwierigkeiten ergeben? Haben Sie sich zuviel vorgenommen? Lassen Sie sich an dieser Stelle auf keinen Fall entmutigen. Wenn Sie weiterhin an sich arbeiten, werden Sie unter Garantie früher oder später Erfolg haben.

5.2 In Panik kann man nicht denken – Tipps für die Entspannung

„Mein Körper ist derjenige Teil der Welt, den meine Gedanken verändern können." (Georg Christoph Lichtenberg)

Gudrun arbeitet in einem Kaufhaus, in dem schon im Normalfall viel los ist. In der Weihnachtszeit ist dreimal so viel zu tun. Fünf Minuten vor Ladenschluss wird Gudrun von ihrem Kollegen aufgefordert, doch bitte die Beratung seines Kunden zu übernehmen, er müsse aus privaten Gründen dringend weg. Gudrun fängt an zu kochen, denn sie kennt die Masche ihres Kollegen bereits recht gut. Sie weiß aber auch, dass ihr Kollege einen guten Draht zum Chef hat. Gudrun sieht sich gezwungen, innerhalb kürzester Zeit eine Entscheidung zu treffen. Gerade jetzt stürmt alles auf sie ein: Der Weihnachtsverkauf, die Verantwortung gegenüber den Kunden, die eigenen Verpflichtungen, die Sorge vor den Kommentaren ihres Kollegen gegenüber ihrem Chef und ihre Wut darüber, wieder mal in die Enge getrieben worden zu sein. Leider kann Gudrun in diesem Moment keinen klaren Gedanken mehr fassen und schreit ihren Kollegen, ohne dabei auf den Kunden zu achten, an: Wie er dazu käme, so eine Unverschämtheit, diese Tour würde sie sich nicht mehr bieten lassen und so weiter. Als Gudrun geendet hat, erkennt sie am Gesichtsausdruck ihres Kollegen deutlich, wer Thema des nächsten Gespräches mit dem Chef sein wird – nämlich sie selbst.

Das Nein in diesem Beispiel ist in einer Art herausgerutscht, wie es unter normalen Umständen wahrscheinlich nie passiert wäre. Was also ist geschehen? Das Nervensystem hat sofort so reagiert. Der bewusste Einsatz von Körpersprache und freundlichen Worten war nicht mehr möglich. So verspielte Gudrun die Chance, diese Situation für sich, den Kunden und den Kollegen günstig zu gestalten, bereits nach dem ersten Satz.

Stress kann ein freundliches Nein verhindern

In unserem Körper arbeiten zwei Nervensysteme im Gegenspiel miteinander. Diese halten sich wie bei einer Waage nach dem Balance-Prinzip im Gleichgewicht. Das eine System, der Sympathikus, wird immer dann aktiviert, wenn wir Erlebnisse als gefahrvoll interpretieren oder aus einem anderen Grund körperliche Energien mobilisieren müssen. In dem Moment, wo eine größere körperliche Belastung bewältigt werden muss, oder wenn wir Angst oder Wut empfinden, kurbelt der Sympathikus die körpereigenen Energiereserven an. Kraft und körperliche Leistungsfähigkeiten sind in diesem Augenblick deutlich gesteigert. Sein Gegenspieler, der Parasympathikus, sorgt dafür, dass das ganze System wieder zur Ruhe kommt und der Energiehaushalt ausgeglichen wird.

Sympathikus	Parasympathikus
➲ Trockener Mund	➲ Speichelbildung
➲ Verengung der Blutgefässe	➲ Erweiterung der Blutgefässe
➲ Kalter Schweiß	➲ Warmer Schweiß
➲ Atembeschleunigung	➲ Tiefe, langsame Atmung
➲ Pulsbeschleunigung	➲ Pulsverlangsamung
➲ Freisetzung von Blutzucker	➲ Anregung der Magentätigkeit
➲ Anregung der Adrenalin- ausschüttung	➲ Hemmung der Adrenalin- ausschüttung
➲ Hemmung der Verdauungs- tätigkeit	➲ Anregung der Verdauungs- tätigkeit

Bei sehr hoher Aktivität des Sympathikus kann es sein, dass das abwägende, analytische und urteilende Denken blockiert wird. Im Extremfall sind normale Verhaltensweisen nur eingeschränkt möglich. Für unsere Vorfahren war eine solche Denkblockade für das Überleben notwendig. Schließlich ist es für das eigene Überleben nicht förderlich, sich eine ausgefeilte Strategie zu überlegen, wenn sich der Höhlenbär bereits in Angriffsposition befindet. Kämpfen, fliehen oder „toten Mann" spielen: Diese über Leben und Tod bestimmenden Entscheidungen mussten in solchen Situationen blitzartig getroffen werden. Und das funktionierte nur, wenn die Teile im Gehirn, die diese Reaktionen behindern würden, für diesen Zeitpunkt außer Funktion gesetzt wurden. Vielleicht erinnern Sie sich noch mit Schrecken an weit zurückliegende Klassenarbeiten und andere Prüfungssituationen, in denen Sie wie ein Kaninchen vor der Aufgabe saßen und Ihnen die simpelsten Antworten nicht mehr einfielen.

Die Strategie gegen Stress

Heute heißen die Stressoren Straßenverkehr, zwischenmenschliche Konflikte, Ärger mit dem Chef, den Kollegen, den Kunden oder der unsichere Arbeitsplatz. Obgleich das alte Prinzip heute wenig angemessen ist, wird der Körper wie damals für Kampf, Flucht oder „toter Mann" fit gemacht. Heutzutage bedarf es allerdings etwas differenzierterer Methoden, sich zur Wehr zu setzen.

Wie so oft ist das Ganze ein sich gegenseitig aufschaukelnder Prozess: Wer sich allgemein gestresst und angespannt fühlt, dem fällt es schwer, selbst bei harmloseren Konfrontationen ruhig, freundlich und selbstsicher zu reagieren. Die allgemeine Gereiztheit und Aggressivität steigt. Das Selbstwertgefühl und nachfolgend die Durchsetzungsfähigkeit sinken. Sorgen, Grübeln und eine allgemein negative Stimmung sind auf Dauer die möglichen Folgen von Stress. Aus dieser Situation heraus ist es schwierig freundlich zu handeln, sich abzugrenzen oder überlegt nach Lösungen zu suchen.

Es gibt demnach genügend Anlass, sich die Frage zu stellen, welche Strategien man selbst in den akuten Situationen einsetzen kann, um Stressreaktionen entgegenzuwirken. Zudem tun Sie Ihrer Gesundheit damit etwas Gutes, denn chronischer, unverarbeiteter Stress ist Ursache für eine Vielzahl von Erkrankungen wie Herz- und Kreislaufstörungen, Muskelverspannungen oder Magen-Darmbeschwerden.

Einige der hier vorgestellten Anti-Stress-Strategien sind zwar in kritischen Momenten schnell und effektiv anzuwenden, bedürfen aber im Vorfeld zum Teil einiger Übung, bis sie richtig „sitzen".

Kurzfristige Anti-Stress-Strategien

Kurzfristige Strategien helfen effektiv überschießende Panik- oder Wutreaktionen und Denkblockaden zu vermeiden. Sie lassen sich unauffällig in der akuten Situation anwenden.

⊃ Schnelle Entspannung auf der körperlichen Ebene

Allein durch Ihre allgemeine Körperhaltung können Sie bereits vielen Verspannungen und Verkrampfungen vorbeugen. Mit einem geraden, sicheren

Stand oder einem entspannten Sitz haben Sie gleich zwei Fliegen mit einer Klappe geschlagen: Zum einen setzen Sie Ihre Körpersprache wirkungsvoll ein. Zum anderen ist eine entspannte und doch dynamische Haltung die Voraussetzung für überlegte Entscheidungen und gelassene Begegnungen mit unserer Umwelt.

Wenn Sie sitzen ...

... sitzen Sie aufrecht in Ihrem Stuhl, beide Füße stehen fest auf dem Boden. Die Hände liegen locker auf den Armlehnen oder auf den Beinen. Das Becken ist leicht nach vorn gekippt, so dass kein Hohlkreuz mehr besteht. Die Sitzfläche wird komplett genutzt, um ein ergonomisches Anlehnen zu ermöglichen.

Wenn Sie stehen ....

... stehen Sie mit hüftbreit aufgestellten Füssen und leicht gebeugten Knien fest auf dem Boden. Beide Füße sind gleich stark belastet. Das Becken ist leicht gekippt, die Haltung aufrecht, ohne ein Hohlkreuz zu bilden und die Schultern hängen locker herunter.

Wenn Sie Schwierigkeiten haben, eine gerade Haltung einzunehmen, dann stellen Sie sich einen Faden vor, der direkt aus Ihrem Scheitel austritt. Dieser Faden zieht Sie wie eine Puppe nach oben, bis die gesamte Wirbelsäule gestreckt und die Haltung optimal ist.

Verzögern Sie Ihre Atmung

Insbesondere in stressigen Situationen neigen wir dazu, den Atem anzuhalten. Eine einfach durchzuführende Übung verschafft Ihnen folgende Vorteile

⊙ Die Atmung wird – auch über die Übungszeit hinaus – ruhiger.

⊙ Die entspannte Atmung führt zur Entspannung und Beruhigung des ganzen Organismus.

⊙ Wut, Ängste und Gefühle der Hilflosigkeit werden deutlich gemindert.

Diese Technik eignet sich auch gut für die Vor- und Nachbereitung einer Situation, in der Sie ein Nein formulieren wollen.

So ist es ganz einfach:

⮑ Setzen Sie sich locker auf Ihren Stuhl oder stellen Sie sich aufrecht hin.
⮑ Atmen Sie wie gewohnt ein, ohne den Prozess des Einatmens bewusst zu beeinflussen.
⮑ Atmen Sie direkt wieder aus, ohne den Atem anzuhalten. Entscheidend beim **Ausatmen** ist, **dass es sehr viel langsamer als das Einatmen** erfolgt.
⮑ Pressen Sie den Atem langsam und gegen den Widerstand Ihrer fast geschlossenen Lippen heraus. Konzentrieren Sie sich dabei auf Ihren Körper und spüren Sie, wie der ganze Organismus ruhiger wird.
⮑ Atmen Sie vollständig aus, aber pressen nicht mit Gewalt den letzten Rest aus der Lunge. Sofern es die Situation zulässt, führen Sie diese Übung einige Atemzüge lang durch.

Sorgen Sie für innere Ruhe durch Fingerdruck

Unbewusst nehmen wir unwillkürlich Haltungen ein, die ein positives Befinden fördern. Zum Beispiel legen wir im Gespräch oder wenn wir uns unsicher fühlen, die Fingerspitzen beider Hände aneinander. Das ist eine typische Geste, die Sie gerade bei Besprechungen oder Verhandlungen oft sehen.

Aus der Reflexzonentherapie ist bekannt, dass durch den Druck auf Fingerkuppen die Atmung im positiven Sinne verändert wird. Nutzen Sie diese unauffällige, kleine Übung für sich selbst. Gerade in Situationen, in denen es Ihnen schwer fällt freundlich und beherrscht zu bleiben.

So ist es ganz einfach:

⮑ Legen Sie die Fingerkuppen beider Hände aneinander.
⮑ Üben Sie jeweils mit den Kuppen der kleinen Finger und der Zeigefinger einen mittleren Druck aufeinander aus (Kleiner Finger auf kleinen Finger und Zeigefinger auf Zeigefinger).
⮑ Spüren Sie, wie sich Ihre flache Stress-Atmung verändert. Die Bauchatmung verstärkt sich und lässt Sie insgesamt ruhiger und entspannt werden.
⮑ Behalten Sie diesen Druck für einige Sekunden bei und lösen Sie die Hände voneinander, sofern Sie es möchten.

⊃ Schnelle Entspannung auf der mentalen Ebene

Oft sind es unsere Vorstellungen und unsere Gedanken, die uns zusetzen. Unsere Erwartungen und Befürchtungen setzen uns so unter Druck, dass wir nicht mehr positiv denken können und unser Körper blockiert wird.

Schlüpfen Sie in eine andere Rolle

Sie kennen vielleicht die alte Geschichte, die als Vorlage für viele Bücher und Filme dient: Ein Mensch wird in die Rolle eines anderen gesteckt und gezwungen, diesen eine Zeitlang zu kopieren. Je länger der Mensch diese Rolle spielt, desto mehr wird er zu der anderen Person. Am Schluss ist so zum Beispiel ein völlig unpolitischer Mensch in der Lage, Präsident der Vereinigten Staaten zu sein.

Diese Übung zielt auf das gleiche Phänomen ab wie das Wohlfühllächeln. Wenn Ihnen innerlich nicht nach Selbstsicherheit, Entspannung und Freundlichkeit zumute ist, dann tun Sie einfach, als ob es so wäre.

So ist es ganz einfach:

⊃ Registrieren Sie die Situationen, in denen Ihnen ein freundliches Nein schwer über die Lippen kommt, jedoch die Zeit für eine gründliche Vorbereitung nicht zur Verfügung steht.

⊃ Stellen Sie sich vor, wie Sie locker und selbstsicher vor Ihrem Gesprächspartner stehen oder sitzen. Wenn Ihnen das schwer fällt, suchen Sie sich ein Vorbild, dessen Verhalten Sie gut kennen und nachahmen möchten.

⊃ Legen Sie jetzt genau dieses Verhalten an den Tag. Sprechen Sie so, wie Sie (oder Ihr Vorbild) sprechen, wenn Sie freundlich und gelassen sind. Nehmen Sie Blickkontakt und eine zugewandte Haltung ein.

⊃ Da Sie nach außen hin sicher und freundlich handeln, werden Sie von Ihrer Umgebung auch die entsprechende positive Rückmeldung erhalten. Dadurch wird Ihnen viel Stress genommen und die äußerliche Gelassenheit wird sich nun in Ihrem Innern ausbreiten.

Moments of excellence

Erlebnisse haben die Eigenschaft, sich direkt mit sehr starken Empfindungen zu verknüpfen, die in der Zeit des Erlebens vorhanden waren. Kommt Ihnen dieses Erlebnis wieder in den Sinn, treten auch die zu dieser Zeit wahrgenommen Empfindungen wieder auf. Dieser Effekt wird in der folgenden Übung genutzt. Sie gibt Ihnen die Kraft, negative Gefühle und Gedanken zu bewältigen. Um die Technik als Schnell-Strategie wirksam einzusetzen, muss die Kopplung (oder auch Konditionierung) einige Male geübt und wiederholt werden.

So ist es ganz einfach:

⊃ Erinnern Sie sich intensiv an eine Szene, bei der Sie erfolgreich Nein gesagt haben und daraufhin eine positive Rückmeldung bekommen haben.

⊃ Versuchen Sie nun die Situation nachzuempfinden. Was haben Sie gesehen, gehört, gerochen und empfunden?

⊃ Versuchen Sie sich ganz in die positiven Gefühle hineinzuversetzen, die Sie dabei empfunden haben. Wenn die Vorstellung am intensivsten ist, befestigen Sie diese Empfindungen am Körper. Drücken Sie dafür zwei Finger fest gegeneinander und halten Sie diesen Druck einige Sekunden lang aufrecht.

⊃ Wiederholen Sie diese Übung mehrmals hintereinander und über mehrere Tage, bis die Verbindung zwischen dem positiven Erlebnis und der Berührung fest verankert ist.

⊃ Wenn Sie sich in Situationen befinden, in denen Sie Nein sagen wollen, sich aber unsicher oder ängstlich fühlen, drücken Sie die Finger mit mittlerem Druck gegeneinander. Auf diese Weise wird das positive Gefühl der Erinnerung wieder präsent gemacht.

5.3 Umdenken braucht Zeit

„Nicht der Wille ist der Antrieb für unseres Handelns, sondern unsere Vorstellungskraft." (Emile Coué)

Es ist in den seltensten Fällen die Situation selbst, die es uns so schwer macht, ein Nein so freundlich und konstruktiv zu formulieren, wie es für die gesamte Situation am günstigsten wäre. Oftmals sind es unsere Gedanken, Befürchtungen und Interpretation, die ein anderes Verhalten verhindern.

Je schwieriger die Situation ist, in der wir uns befinden, desto mehr neigen wir dazu, Selbstgespräche zu führen. Teilweise unbewusst führen wir täglich zwischen 3000 und 5000 kurze Selbstgespräche. Diesen inneren Dialogen liegen oft ganz bestimmte, persönliche Denkmuster zugrunde. Jemand, der bislang in erster Linie negative Erfahrungen gemacht hat, neigt eher zu negativen Denkmustern.

Die Macht der eigenen Gedanken

Wer negativ denkt, beraubt sich selbst um die Chance, eine Situation für sich zu entscheiden. Schlechte Gedanken wie: „Ich bin heute halt nicht gut drauf", oder „Der will mich ja sowieso fertigmachen." lassen Ihre Körpersprache abweisend erscheinen. Wie wollen Sie freundlich und bestimmt Nein sagen, wenn Sie bei sich denken: „Ich schaffe es doch sowieso nicht mich zu wehren"?

Es hängt also auch von Ihnen ab, ob Sie sich gut oder schlecht fühlen. Negative Gedanken verursachen negative Gefühle, positive Gedanken schaffen positive Gefühle.

Viele negative Gedanken haben sich bei uns so automatisiert, dass wir sie kaum noch bewusst wahrnehmen. So wird ungewollt das Umsetzen guter Vorsätze verhindert. Stellen Sie sich vor, Sie haben sich vorgenommen, beim nächsten Streit in Ihrem Büro die Kollegen darauf hinzuweisen, dass Sie einen derartigen Tonfall in Ihrer Gegenwart nicht mehr haben wollen. Automatisch schwirren aber gleichzeitig immer wieder die gleichen Gedanken im Kopf herum: „Das gibt bestimmt nichts. Du findest nie die richtigen Worte. Nachher stehst du mit deiner Meinung ganz allein. Lass es ..." Schon ist es um den guten Vorsatz geschehen. Wenn Sie sich überhaupt gegen den Streit in Ihrem Büro wehren, dann sind Sie wahrscheinlich aufgrund Ihrer Unsicherheit nicht geschickt genug, um Erfolg zu haben. Oder Sie wirken aufgrund Ihrer Mimik, Haltung und Stimme auf Ihre Kollegen schon von Anfang an so unsicher, das man Ihren Einwurf nicht ernst nehmen wird.

Gehen Sie zu sich selbst auf Distanz und überlegen Sie, welche Gedanken sich bei Ihnen häufig einstellen. Am besten schreiben Sie sich Ihre typischen Gedanken auf. Was Sie einmal schriftlich fixiert haben, geht Ihnen nicht so schnell wieder verloren und erleichtert es Ihnen, diesen Gedanken entgegenzuwirken.

◯ Verändern Sie Ihre Selbstgespräche

Versuchen Sie folgendes Experiment: Verschränken Sie Ihre Hände ineinander, wie Sie es gewohnt sind. Entweder liegt jetzt der Daumen der rechten Hand auf dem linken Daumen, oder der linke Daumen auf dem rechten. Jetzt Verschränken Sie bitte Ihre Hände so, dass die Reihenfolge genau andersherum ist. Lag bei Ihnen eben der linke Daumen oben, ist es jetzt der rechte und umgekehrt. Merken Sie, wie merkwürdig und vielleicht auch unbehaglich sich diese neue Position anfühlt? Stellen Sie sich vor, Sie wollen nun eine Woche lang Ihre Hände in dieser ungewohnten Form verschränken. In dieser Woche werden Sie immer wieder automatisch als erstes in die gewohnte Art verfallen, Ihre Hände zu verschränken. Nur durch Erinnerung an Ihren Vorsatz werden Sie die neue Haltung einnehmen.

Wir neigen dazu, uns nur schwer von alten Gewohnheiten zu trennen. Bei unseren inneren Selbstgesprächen ist das nicht viel anders. Trotz des Wunsches das eigene Verhalten zu verändern fallen wir in unkonzentrierten Momenten rasch wieder in alte Gewohnheiten zurück.

Versuchen Sie, sich Ihre Gedanken wie eine neutrale Person von außen anzuschauen. Immer wenn ein solcher Gedanke auftaucht sagen Sie: „Aha, das war wohl mal wieder eine meiner Verallgemeinerungen." Oder „Sieh an, da hat sich katastrophisierendes Denken eingeschlichen." Formulieren Sie Ihre negativen Gedanken in positive um. Achten Sie darauf, realistisch zu bleiben, damit Sie nicht wieder in Ihr altes Denkmuster zurückfallen. Wenn Sie systematisch die störenden Gedanken herausfiltern und die neuen, positiven Gedanken üben, wird Ihnen manche schwierige Situation auf einmal um einiges leichter vorkommen.

Typische Denkfehler können Sie erfolgreich verändern:

Denkfehler	Situation
Verallgemeinerung:	Aus wenigen Erfahrungen werden allgemeine Regeln gemacht: „Typisch, immer dasselbe, da versucht man einmal freundlich zu bleiben und was bringt es: Nichts." **Lösung:** Bisherige Erlebnisse sammeln: Habe ich wirklich immer nur schlechte Erfahrungen gemacht, oder gab es auch positive?

Gedanken lesen:	Sie wissen bereits im Vorfeld ganz genau, was der andere denkt: „Der wird bestimmt sauer werden, wenn ich ihm die Bitte abschlage." **Lösung:** Wie könnte der andere noch reagieren?
Wahrsagen:	Sie sind so vom Misserfolg Ihres Handelns überzeugt, dass es tatsächlich schief geht: „Die interessieren sich nicht für meine Meinung, keiner wird mir zuhören". **Lösung:** Gedanken ignorieren und Nein sagen in einer leichteren Situation üben. Positive Signalsätze bilden.
Auslöschen:	Sie spielen die eigenen Erfolge herunter: „Das war doch nur Zufall, dass man mir hier mal zugehört hat. Da hatten die anderen wohl einen guten Tag." **Lösung:** Überlegen Sie, was an Ihrem Verhalten zum Erfolg geführt haben kann.
Filtern	Sie filtern aus allen Dingen lediglich das Negative heraus: „Das war ja alles schön und gut mit dem freundlichen Nein sagen, aber immer kann das auch nicht klappen". **Lösung:** Fragen Sie Ihre Bekannten, wie sie die Situation wahrgenommen haben.
Schuldgefühl	„Ich bin selbst schuld, dass ich mich nie durchsetze." **Lösung:** Das Wort „Schuld" durch „Ursache" ersetzen.
Katastrophisierendes Denken	„Oh, mein Gott, wenn ich nur daran denke, was alles passieren könnte, wenn ich meinem Chef widerspreche." **Lösung:** Entspannungsübung (z. B. Atemübung) durchführen. Suchen Sie nach weiteren Reaktionsmöglichkeiten Ihres Gegenübers. Welche sind realistisch?
Absolutistisches Denken	Sie stellen an sich sehr hohe, kaum zu erfüllende Anforderungen: „Ich will nie jemanden verletzen." **Lösung:** Absolute Aussagen durch relative Aussagen ersetzen: niemals ⊃ manchmal; müssen ⊃ können
Schwarz-weiß-Denken	Sie sehen alles nur schwarz-weiß: „Entweder, der gibt sich mit dieser Alternative zufrieden, oder er bekommt nichts." **Lösung:** Überlegen Sie, welche Kompromisse es in einer Situation geben kann.

⊃ Erarbeiten Sie sich positive Signalsätze

Erarbeiten Sie sich als Gegengewicht zu negativen Gedanken positive Signalsätze. Sie machen Ihnen Mut und helfen Ihnen, in schwierigen Situationen erfolgreicher zu handeln.

Uta ist eine wirklich nette Kollegin. Sie arbeitet gern mit ihren Kollegen zusammen und ist bei ihnen als „gute Seele" der Firma sehr geschätzt. Nur im Umgang mit dem neuen Kollegen Bernd hat sie Schwierigkeiten. Jedes Mal, wenn Sie ihn sieht, denkt sie: ‚So ein arroganter Kerl, was bildet der sich eigentlich ein?' Dementsprechend kühl und unfreundlich geht sie mit Bernd um. Dabei fühlt Uta sich selbst nicht gut.

Utas Reaktion auf Bernd ist sehr negativ. Ihr Verhalten ist aufgrund ihrer schlechten Gedanken in der Regel harsch und unfreundlich. Ihr positiver Signalsatz könnte aussehen: „Ich bleibe innerlich ruhig." Oder: „Ich bleibe freundlich."

Wiederholen Sie diese positiven Signalsätze so oft wie möglich. Es gibt Personen, die kleine Schilder mit positiven Signalsätzen überall in der Wohnung verteilt haben. So klebt am Kühlschrank ein Schildchen mit der Aufschrift: „Ich werde meine Sache gut machen", und an der Garderobe der Zettel: „Ich bleibe ruhig."

Lassen Sie sich nicht entmutigen, wenn sich die alten Zweifel doch wieder aufdrängen. Bevor ein Gitarrengriff oder ein Tanzschritt richtig sitzt, muss er auch tausend mal wiederholt werden.

Übung: Finden Sie positive Signalsätze, die Sie sich immer dann sagen, wenn die negativen Gedanken auftauchen. Verzichten Sie dabei auf die Verwendung von: aber, müssen, dürfen, nicht und kein. Das Gehirn registriert keine Verneinungen. Wenn Ihr Signalsatz daher lautet: „Ich rege mich nicht auf" oder „Ich lasse mich nicht ins Bockshorn jagen", regen Sie sich bestimmt auf. Formulieren Sie daher ohne zu verneinen: „Ich bleibe ruhig", oder „Ich bleibe selbstsicher."

Ihre positiven Signalsätze:

⊙ _____

⊙ _____

⊙ _____

⊙ _____

⊙ _____

⊙ _____

Gedankenstop

Negative Gedanken, die sich über viele Jahre hinweg verfestigt haben, sind zuweilen sehr hartnäckig. Die Verwendung von positiven Signalsätzen hilft Ihnen, besser mit den negativen Gedanken bewusst umzugehen, aber sie treten immer wieder auf.

Zusätzlich hilft es Ihnen, den Kreislauf von Befürchtungen, Stress und ungünstigen Verhaltensweisen zu unterbrechen. Sobald Sie merken, wie ein negativer Gedanke oder ein negatives Bild entsteht, der Sie bei der Umsetzung Ihrer Vorsätze behindert, rufen Sie laut und deutlich: „Stop!" Um die Wirkung zu verstärken, hauen Sie gleichzeitig mit der Faust auf den Tisch oder stampfen Sie mit dem Fuß auf. Dieses motorische Element unterstützt das verbale Stop deutlich. Wichtig ist, dass Sie danach direkt einen Signalsatz formulieren. So haben Sie direkt eine positive Alternative für den negativen Gedanken parat.

Nicht immer ist die Umgebung für ein laut ausgesprochenes „Stop" günstig. Im Büro oder vor einem Kunden dürfte es bestenfalls Verwirrung hervorrufen. Sind Sie nicht allein, stellen Sie sich vor, wie vor Ihren Augen ein Schild, ein Riesenstein oder etwas anderes großes, schweres auf den störenden Gedanken herunterstürzt. Stellen Sie sich vor, wie auf dem großen, schweren Gegenstand mit roten Buchstaben das Wort „Stop" geschrieben steht. Diese Vorstellung sollten Sie ein paar Mal üben, bis sie sitzt. Wichtig ist, dass der Gedanke durch dieses Vorstellungsbild verschwindet.

5.4 Selbstbewusst auftreten – Tipps für mehr Selbstsicherheit

Sicher haben Sie die Situation schon einmal erlebt: Sie stehen im Geschäft mehr oder weniger geduldig in der Schlange als plötzlich jemand an Ihnen vorbei drängelt. „T'schuldigung, ich habe nur dieses eine Teil. Darf ich schnell vor?" Alles in Ihnen sträubt sich: ‚Nein, nein, ich habe jetzt selber 10 Minuten angestanden. Ich will den anderen jetzt nicht vorbei lassen.' Aber Sie fühlen sich unsicher und genötigt. Wie sollen Sie sich verhalten?

Selbstbewusstes Auftreten

Was ist eigentlich selbstbewusstes Verhalten? Sich immer durchzusetzen? Dem anderen klar die eigene Meinung zu sagen? Oder mit der Faust auf dem Tisch zu hauen? Oder etwa alles mit einem gelassenen, nachsichtigen Lächeln hinzunehmen?

Selbstbewusstsein wird nicht selten mit dem unbedingten Durchsetzen der eigenen Interessen gleichgesetzt. Dabei zeigt sich ein positives Selbstbewusstsein in dem sicheren Auftreten, die eigenen Ziele zu verfolgen, ohne dabei andere zu verletzen oder aggressiv zu werden. Selbstbewusst zu sein heißt, an sich selbst zu glauben und dabei die Gefühle und die Bedürfnisse des Gegenübers zu respektieren. Wer selbstsicher ist, kann für sich selbst eintreten und sich ehrlich zu seiner Meinung, seinen Gefühlen und Zielen bekennen. Selbst dann, wenn sie nicht mit denen anderer übereinstimmen. Selbstbewusst auftreten bedeutet, von seinen eigenen Rechten Gebrauch zu machen, ohne die Rechte anderer zu schmälern.

Häufig wirken im Innern sehr unsichere Menschen auf andere durchaus selbstsicher. Unsicherheit wird in diesem Fall mit aggressivem Verhalten oder sarkastischen Bemerkungen überspielt. Dieses Verhalten kann das Resultat lang angestauter Wut oder Frustration sein, die bislang unterdrückt und dann bei unpassender Gelegenheit herausplatzt.

Übung zu mehr Selbstsicherheit

Selbstsicher aufzutreten bedarf sowohl einer Strategie, als auch eines zielgerichteten, positiven Denkens. Sie können das nachfolgend beschriebene Schema als Übungsgrundlage Ihres Selbstsicherheitstraining verwenden:

- **Informationen sammeln:** Erinnern Sie sich an jene Momente zurück, in denen Sie sich unsicher gefühlt haben.
- **Selbstanweisung:** Ermutigen Sie sich im Vorfeld selbst. Denken Sie an das, was Sie schaffen wollen und an das, was Sie schon können. Erinnern Sie sich an frühere Erfolge. Sagen Sie sich immer, dass Sie etwas können, nie, dass Sie etwas nicht können: „Ich kann mich durchsetzen", „Ich kann Nein sagen und dabei freundlich/ruhig/beherrscht bleiben."
- **Verringerung von Aufregung:** Nutzen Sie die vorgestellten Anti-Stress-Strategien. Wählen Sie sich passend zur Situation eine geeignete Strategie aus.
- **Konfrontationsphase:** Formulieren Sie sich selbst positive Signalsätze (Kap. 5.3), die Sie in den schwierigen Situationen einsetzen möchten: „Ich bin vorbereitet und es gibt keinerlei Anlass für Selbstzweifel."
- **Selbstverstärkung:** Wenn Sie es schaffen, freundlich und selbstsicher Nein zu sagen, liegt der Erfolg bei Ihnen. Klopfen Sie sich also ruhig auf die Schulter und motivieren Sie sich für das nächste Mal: „Ich habe es geschafft, freundlich Nein zu sagen, ohne meinen Gesprächspartner dabei vor den Kopf zu stoßen. Es geht tatsächlich von Mal zu Mal besser."

12 Tipps zum selbstsicheren Auftreten

1. Reden Sie laut und deutlich.
2. Schauen Sie Ihren Gesprächspartner während des Sprechens an.
3. Stehen bzw. sitzen Sie aufrecht, entspannt und ruhig.
4. Halten Sie eine angenehme Distanz zum Gesprächspartner.
5. Achten Sie darauf, dass Ihre Stimme entspannt klingt.
6. Unterstreichen Sie Ihre Worte mit natürlichen Gesten.
7. Wenn Sie etwas ablehnen, verwenden Sie die Ich-Form.
8. Sagen Sie zuerst, dass Sie etwas nicht möchten und geben Sie dann erst die Begründung dafür.
9. Lassen Sie sich im Zweifelsfall mit Ihrer Entscheidung Zeit.
10. Vermeiden Sie unnötige Entschuldigungen und Rechtfertigungen.
11. Lassen Sie sich nicht zu aggressivem Verhalten provozieren, sondern bleiben Sie gelassen.
11. Bleiben Sie beharrlich und bestehen Sie ruhig und bestimmt auf Ihrem Nein.

5.5 Motivieren kann ich mich nur selbst – Tipps zur Selbstmotivation

Es ist häufig ein langer Weg, bis man für sich herausgefunden hat, in welcher Situation und vor allem warum es einem schwer fällt freundlich Nein zu sagen. Es braucht Zeit, um tief sitzende Unsicherheiten, grundlegende Einstellungen oder lang eingefahrene Verhaltensweisen zu ändern. Es ist eine Sache, ob ich meine Ängste und ungünstigen Verhaltensweisen erkenne. Es ist aber eine ganz andere Sache, ob ich tatsächlich die Geduld und Energie aufbringe, etwas an mir zu verändern.

Nicht selten sind Menschen begeistert und voller guter Vorsätze. Klingt der anfängliche Enthusiasmus ab oder zeigen sich erste Rückschläge, ist die Enttäuschung oft übermäßig groß. Die Energie lässt nach und irgendwann erinnert man sich nur noch schwach an seine guten Vorsätze. Denken Sie nur an die vielen guten Vorsätze zum Neuen Jahr, wie regelmäßig Sport zu treiben, das Rauchen aufzugeben oder den lang geplanten Englischkurs zu machen.

Die Rahmenbedingungen müssen stimmen

Oft hängt die Art, wie wir auf andere Menschen zugehen, wesentlich von den Rahmenbedingungen ab. Sorgen und Müdigkeit wirken sich genauso auf unser Auftreten aus wie gute Laune. Sicher haben wir nicht auf alle Rahmenbedingungen in unserem Leben Einfluss, auf einige jedoch schon. Wie wir den Tag starten, welche Sicht der Dinge wir einnehmen und wie der Tag endet, können wir zu einem großen Teil selbst steuern.

Den Tag positiv beginnen

Wer schlecht in den Tag startet, kann kaum von sich erwarten, allen Konfrontationen erfolgreich zu begegnen. Bereits bei Schulkindern beginnt der Tag mit Hektik. Das setzt sich dann als Erwachsener fort. Der Wecker wird immer wieder ausgedrückt, bis es nicht mehr geht. Da am Vorabend nichts vorbereitet wurde, werden jetzt in Hektik die Sachen zusammengesucht mit der Gefahr, die Hälfte zu vergessen. Das Frühstück besteht dann gezwungenermaßen aus einer halben Tasse Kaffee, an der man sich die Zunge verbrennt. Schon ist es Zeit, sich in den Berufsverkehr zu stürzen oder der Bahn hinterher zu rennen. Dies ist kein guter Start in den Tag für Ihren Körper und Geist.

So gelingt Ihnen dagegen ein guter Start in den Morgen:

Sorgen Sie dafür, dass ...
⊙ Sie in Ruhe und zur rechten Zeit aufwachen.
⊙ Sie sich Zeit für die persönliche Hygiene nehmen.
⊙ Sie Raum für ein Frühstück haben.
⊙ Sie rechtzeitig die Wohnung verlassen.
⊙ für den Weg zur Arbeit genügend Zeit eingeplant ist.

Etwas Positives braucht der Tag

Es liegt in erster Linie an unserer eigenen Einstellung, ob wir die Umwelt eher aus einer negativen oder eher einer positiven Perspektive wahrnehmen. Versuchen Sie dem Tag beim Aufstehen etwas Positives abzugewinnen – finden Sie einen guten Grund aufzustehen. Dieser Gedanke begleitet Sie dann durch den ganzen Tag.

Überlegen Sie sich schon am Morgen ...,

⊙ worauf Sie sich an diesem Tag freuen wollen. Gerade die Kleinigkeiten in unserem Leben können uns erfreuen: ein Telefonat mit einem guten Freund, der abendliche Spaziergang mit dem Hund.
⊙ was Sie tun können, um einem Ihrer persönlichen Ziele wieder einen Schritt näher zu kommen: eine Stunde auf dem Klavier üben, eine wichtige Bewerbung schreiben.
⊙ was Ihnen zu Ihrer Arbeit einen Ausgleich schafft: die Sportstunden im Studio, die gesellige Runde mit Freunden.

Nur darüber nachdenken und sich etwas vornehmen reicht natürlich nicht. Sie müssen das, was Sie sich vorgenommen haben, auch einhalten, ansonsten glauben Sie irgendwann selbst nicht mehr an Ihre Vorsätze.

Wer ein Ziel hat, motiviert sich

Es ist fast eine Binsenweisheit, dass Ziele motivieren. Wer weiß, wohin er will, kann seine Energien ganz gezielt einsetzen. Wer dagegen hier und da etwas ausprobiert setzt seine Zeit und Energien eher planlos ein. Es reicht aber nicht nur, sich ein Ziel zusetzen. Sie müssen auch wissen, wie und wann Sie dieses

Ziel erreichen wollen. Stecken Sie Ihre Ziele nie so hoch, dass Sie sie nicht mehr erreichen können. Ziele motivieren, wenn sie realistisch formuliert, zeitlich eingegrenzt und in Zwischenetappen unterteilt werden. Wenn Sie die Kunst erlernen wollen, freundlich Nein zu sagen, nehmen Sie sich deshalb nicht gleich vor, Mr. oder Mrs. Universum in Freundlichkeit und Selbstsicherheit zu werden. Schätzen Sie Ihre eigene Situation vielmehr realistisch ein und überlegen Sie, mit welchen Mitteln Sie bis wann etwas erreichen möchten. Im 4-Wochen-Programm am Schluss des Buches können Sie dies umsetzen.

Wer müde ist, kann nicht freundlich sein

Die eigene Leistungskurve ist vielen Schwankungen unterworfen. Es gibt viele Untersuchungen über den Biorhythmus, der im Laufe eines Tages einer Vielzahl von Einflüssen ausgesetzt ist.

Die physiologische Leistungsbereitschaft ist täglichen Schwankungen ausgesetzt. Obgleich große individuelle Unterschiede bestehen, wurde über statistische Messgrößen eine allgemeine Leistungskurve entwickelt, die in der Arbeitswelt zum Beispiel zur Grundlage von Schichtarbeitszeiten angewendet wird.

Bei den meisten Menschen liegt die Zeit der maximalen Leistungsfähigkeit etwa zwischen 9.00 und 11.00 Uhr. Dieser Leistungshöhepunkt wird im Laufe des Tages nicht mehr erreicht.

Zwischen spätem Mittag und frühem Nachmittag haben die meisten Menschen ihr Leistungstief: Um gegen dieses Mittagsloch anzukämpfen, gibt es zwei Möglichkeiten. Die eine heißt Koffein: Von dieser Möglichkeit ist jedoch eher abzuraten, denn das Tief verlängert sich dadurch. Aber manchmal geht es leider nicht anders. Die andere heißt „kluges Planen". Schwierige Kundentermine und wichtige Gespräche gehören, wenn es geht, nicht in diesen Zeitraum. Am Nachmittag oder am frühen Abend steigt die Leistungskurve wieder kräftig an.

Wenn Sie ausgeruht und leistungsfähig sind, fällt es Ihnen wahrscheinlich sehr viel leichter, in einem Konfliktgespräch freundlich und verbindlich zu bleiben. Dagegen zerrt ein solches Gespräch bei Müdigkeit wesentlich mehr an Ihren Nerven.

Den Tag positiv beenden

Um den Kreis zu schließen, sollten Sie den Tag immer positiv ausklingen lassen. Wer gestresst ins Bett geht, verringert seine Chancen, morgens positiv gestimmt aufzuwachen. Das positive Ausklingen beginnt bereits am Arbeitsplatz. Wer hektisch am Arbeitsplatz seine Siebensachen zusammensucht, um nur rasch aus dem Büro zu kommen, muss damit rechnen irgendetwas zu vergessen, was sich dann am nächsten Tag wieder rächt.

Beenden Sie ruhig und gelassen Ihre Arbeit. Nehmen Sie sich ausreichend Zeit dafür, Ihren Schreibtisch zu sortieren und für den nächsten Tag vorzubereiten. Damit machen Sie einen deutlichen Abschluss mit dem Tagesgeschäft und nehmen innerlich nichts mehr mit nach Hause.

Gönnen Sie sich abends auf der Heimfahrt einige Minuten, um den Tag vor Ihrem inneren Auge vorbeiziehen zu lassen. Was war schön an dem Tag, was ist Ihnen Gutes gelungen, was war wert- und qualitätsvoll?

Verwenden Sie auch einige Denkminuten darauf, wie Sie Ihren Abend verbringen möchten. Wer einen schönen Abend erlebt hat, wacht am nächsten Morgen motivierter auf.

Wie man's in den Wald ruft ...

Das, was Sie selbst ausstrahlen, kommt postwendend zu Ihnen zurück. Was kann motivierender sein, als das Lächeln auf dem Gesicht des Gegenüber, das Sie herbeigezaubert haben?

Teil II

Das Persönlichkeitsmodell „G.A.T.E."

Im nun folgenden zweiten Teil werden die theoretischen Inhalte der ersten vier Kapitel auf konkrete Situationen in Beruf und Alltagsleben übertragen. Hier finden sie praxisnahe Beispiele und Strategien zum Umgang mit Kunden, Kollegen, Vorgesetzten, Mitarbeitern, Ihrem privaten Umfeld und nicht zuletzt auch zum Umgang mit sich selbst. Als Grundlage hierfür dient das Persönlichkeitsmodell „G.A.T.E." des Diplom-Psychologen Wolfgang E. Lehmann.

Aus dem Wunsch heraus, bestimmte Verhaltensweisen des Menschen zu verstehen und möglicherweise auch vorhersagen zu können, wurden im Bereich der Psychologie verschiedene Persönlichkeitstheorien mit unterschiedlichen Ansätzen entwickelt. Das Persönlichkeitsmodell „G.A.T.E." verfolgt einen eigenschaftsorientierten Ansatz.

Bei diesem Ansatz geht man davon aus, dass jeder Mensch sowohl über veränderbare, als auch über relativ stabile Eigenschaften verfügt. Diese sollen als verhältnismäßig gleichbleibende Faktoren das Verhalten eines Menschen beeinflussen. Grundlage für die Beschreibung einer Persönlichkeit sind hier also bestimmte, offenbar „typische" Eigenschaften.

Das Modell unterscheidet folgende Typen:

G-Typ ➜ G = Ground
A-Typ ➜ A = Action
T-Typ ➜ T = Traveler
E-Typ ➜ E = emotional

Während der G-Typ in der Regel kühl und rational wirkt, handelt der A-Typ oft impulsiv und emotional. Der E-Typ dagegen verhält sich eher sensibel und agiert instinktiv und gefühlsmäßig. Bei T-Typen sind die Persönlichkeitseigenschaften der anderen Typen in ausgewogener Form vorhanden und werden deshalb an dieser Stelle nicht weiter vertieft. Die Eigenschaften der verschiedenen Typen sind in jedem Menschen vorhanden. Einige dieser Eigenschaften treten jedoch stärker hervor und zeigen so den jeweilig dominierenden Typ an.

Der G-Typ

Vorherrschend ist bei diesem Persönlichkeitstyp das allgemeine Bedürfnis nach Sicherheit und nach verstehbaren Daten und Fakten. Diese dienen als Basis für langfristige Entscheidungen. Spontaneität und vorschnelle Schlussfolgerungen oder gar das Eingehen unkalkulierbarer Risiken sind für einen G-Typen kaum denkbar. Während sich die anderen Typen von ihrer Intuition leiten lassen, dominiert beim G-Typ das rational-intellektuell begründete Denken und Handeln.

Bevor er näher auf einen Menschen eingeht, vergeht oft viel Zeit, in welcher er aus der Distanz heraus beobachtet und sich auf der Grundlage der gesammelten Fakten ein Bild macht. Dafür kann man sich aber seiner Loyalität sicher sein, wenn die Distanz einmal überwunden ist. Konflikte sind ihm eher unangenehm, da er die gefühlsmäßigen Komponenten einer Auseinandersetzung nur schwer nachvollziehen kann.

Aufgrund ihrer Denk- und Arbeitsweise sind G-Typen verlässliche, gründliche und sorgfältige Menschen, die auch in Stressmomenten bedacht handeln und sachlich argumentieren können. Der G-Typ plant langfristig und behält seine Ziele immer im Auge. Sein Hang zum Perfektionismus und seine fehlende Spontaneität verhindern oft rasche Entscheidungen und schnelles Handeln. Auf andere Menschen kann der G-Typ aufgrund seiner großen Faktenbezogenheit und Rationalität gefühlskalt und berechnend wirken. Mitunter hinterlässt er den Eindruck, langatmig und umständlich zu sein, zum Beispiel dann, wenn er in Diskussionen jedes kleinste Detail mit einbezieht.

Der A-Typ

Kollegen, Vorgesetzte, Mitarbeiter und Kunden, bei denen die Eigenschaften des A-Typen vorherrschen, werden im Volksmund häufig Aktivisten oder Macher genannt. Sie verfügen über die Fähigkeit, rasch Entscheidungen treffen und Wesentliches von Unwesentlichem trennen zu können. Denken und Handeln des A-Typen sind stark gegenwartsbezogen und nicht auf lange Planung angelegt. Schneller Erfolg ist wichtig, langwierige Aufgaben oder Probleme erscheinen unerträglich und werden als Geduldsprobe empfunden. Hervorstechende Merkmale dieser „Macher" sind deshalb Durchsetzungs- und Risikobereitschaft, Entscheidungsfreudigkeit und Impulsivität.

Die Stärken eines A-Typen liegen darüber hinaus in seiner Fähigkeit, andere zu begeistern und mitzureißen. Nach außen hin wirken A-Typen selbstsicher und selbstbewusst. Eigene Gefühle wie Begeisterung, Ärger oder Freude werden verbal und durch eine lebendige Körpersprache deutlich gezeigt. Gleichzeitig sind A-Typen bestrebt, häufig im Mittelpunkt zu stehen und sich die Bestätigung ihrer Mitmenschen zu sichern. Positiv wirken Offenheit und Unvoreingenommenheit gegenüber Neuem. Flexibel, kreativ und spontan greifen A-Typen neue Ideen und Vorschläge auf und setzen sie rasch um. Allerdings nur, wenn diese einen schnellen Erfolg versprechen.

Mit diesen Eigenschaften treten A-Typen ihrer Umwelt nicht selten auf die Füße. Ihre Impulsivität kann zwar in völlig neue Richtungen führen, birgt jedoch gleichzeitig die Gefahr, unüberlegte Entscheidungen zu treffen. Die leichte Erregbarkeit eines A-Typen kann schnell in Cholerik umschlagen. Seine Ungeduld und Sprunghaftigkeit führen mitunter zu Vergesslichkeit und oberflächlichem Handeln und Denken.

Wenn Sie die Stärken eines A-Typen kennen, können Sie diese hervorragend als Strategie einsetzen, sich gegen seine Schwächen erfolgreich und vor allem freundlich zur Wehr zu setzen. Das gelingt Ihnen auch, wenn Sie selbst ein A-Typ sind und sich besser in den Griff bekommen wollen.

Der E-Typ

Menschen, die dem E-Typ entsprechen, sind sehr sensible Personen. Schnell können sie einschätzen, ob der andere tatsächlich an ihnen interessiert ist oder dies nur vortäuscht. Sie haben ein hohes Bedürfnis nach Harmonie und Wohlbefinden. Eine gespannte Atmosphäre im Büro, unfreundliche Kritik oder ein harscher Umgangston vom Chef sind ihnen ein Gräuel und belasten sie sehr. Es zeichnet die E-Typen aus, dass sie sehr an zwischenmenschlichen Kontakten interessiert sind und sich für ihr Umfeld, zum Beispiel das Betriebsklima oder den Zusammenhalt in der Familie, aktiv einsetzen.

Stehen Probleme oder Herausforderungen an, bilden vor allem emotionale Aspekte den Mittelpunkt ihrer Überlegungen. In Unternehmen sind E-Typen oft die „guten Seelen", die sich auch um die persönlichen Bedürfnisse ihrer Kollegen kümmern und den Zusammenhalt im Team fördern. Sie reden gerne viel und haben keine Schwierigkeiten damit, ihr Privatleben offen zu legen.

Entscheidungen werden in erster Linie aus dem Bauch und auf der Grundlage vergangener Erfahrungen getroffen, weniger aus analytischen

Überlegungen heraus. Insbesondere das Langzeitgedächtnis scheint sehr gut ausgeprägt zu sein. Aus diesem Grund ist es für E-Typen zuweilen schwierig, ihre Vorschläge mit Daten oder Fakten zu belegen. Zu den Stärken der E-Typen gehört ihre große Aufgeschlossenheit gegenüber den Sorgen und Nöten anderer Menschen. Man kann sich immer darauf verlassen, einfühlsam und wohlwollend behandelt zu werden.

Ihr großes Mitgefühl macht es dem E-Typ besonders schwer, Nein zu sagen. Er versucht oft, allen Ansprüchen gerecht zu werden und kann sich schlecht von den Wünschen der anderen abgrenzen. Der E-Typ ist aufgrund seiner hohen Sensibilität oft sehr empfindlich. Werden seine Vermittlungs- oder Annäherungsversuche abgelehnt, reagiert er schnell beleidigt und zieht sich gekränkt zurück. Durch das Bedürfnis nach einem harmonischen Miteinander gelingt es dem E-Typen oft nicht, eigene Ideen und Vorschläge auch gegen Widerstand durchzusetzen.

Umgang mit Typologien

Jeder Mensch nimmt über seine Sinnesorgane ständig neue Informationen auf. Eine solche Fülle an Eindrücken kann jedoch nicht ohne weiteres aufgenommen werden. Unser Gehirn verarbeitet und filtert die aufgenommenen Eindrücke sofort weiter, ohne dass wir uns dessen bewusst sind. Scheinbar offensichtliche, stabile Merkmale einer Situation oder Person dienen dabei als Anhaltspunkte für die Bildung von Kategorien und die Entwicklung von Strukturen. Mit Hilfe dieser Kategorien versuchen wir unbewusst, unsere Umgebung zu strukturieren, damit sie für uns verständlicher und kalkulierbarer wird.

Beschreibungen und Klassifizierungen von Persönlichkeitstypen sind ein Hilfsmittel, um gezielte Lösungsansätze und Handlungsalternativen zu entwickeln. Dabei kommen Strategien zum Einsatz, die sich bei bestimmten Verhaltensmustern bewährt haben. Achten Sie bei der Verwendung von Typologien darauf, vorschnelle Bewertungen zu vermeiden. Bei der Einschätzung eines Menschen sollte immer die aktuelle Situation und die vorhandenen Umgebungsfaktoren mit einbezogen werden.

Oft verhalten sich Menschen so, wie sie glauben, dass es von ihnen erwartet wird. Bei einem Klassentreffen kann es zum Beispiel geschehen, dass der frühere „Klassenclown" in seine alte Rolle zurückfällt, weil alle es von ihm erwarten, obwohl er im Berufsleben eher als seriöser Geschäftsmann bekannt ist. Auch das, was Sie von einer Person zu wissen glauben, kann Ihre Beurteilung erschweren. Wenn Sie zum Beispiel von mehreren Kollegen gehört haben, die neue Mitarbeiterin sei zickig, wird es Ihnen möglicherweise schwerer fallen, sie zu mögen. Wurde jemand einmal mit einem solchen „Etikett" versehen, neigt seine Umgebung dazu, die zu diesem Etikett passenden Eigenschaften verstärkt zu registrieren. Möglicherweise ist die neue Kollegin aber gar nicht zickig, sondern war nur an einem ihrer ersten Arbeitstage etwas gereizt und gestresst.

G-Typ		A-Typ		E-Typ	
Stärken	**Schwächen**	**Stärken**	**Schwächen**	**Stärken**	**Schwächen**
⊙ Sehr zuverlässig und gradlinig	⊙ Inflexibel und rigide im Denken und Handeln	⊙ Gefühle werden offen ausgedrückt	⊙ Neigung zu oberflächlichem Denken und Verhalten	⊙ Sehr personenorientiert	⊙ geringer Ehrgeiz und Motivation
⊙ Gefühls-ausbrüche sind selten	⊙ Schnelle Entscheidungen werden kaum getroffen	⊙ Selbstbewusstes Auftreten	⊙ Egoismus	⊙ Oft die „gute Seele"	⊙ hoch sensibel
⊙ Bei Argumentationen sachlich, rational und präzise	⊙ Perfektionistisch veranlagt. Alles muss 100%ig sein	⊙ Lebendige Körpersprache	⊙ Cholerisch, leicht erregbar	⊙ Ist bezüglich privaten Dingen sehr offen	⊙ unsachlich und emotional
⊙ Auch Kleinigkeiten werden beachtet	⊙ Gefühlskalt und berechnend	⊙ Liebt Aktionen und schnelle Entscheidungen	⊙ Ungeduld	⊙ Sehr kompromissbereit und tolerant	⊙ Gibt nur und vergisst zu nehmen
⊙ Unaufdringlich	⊙ Keinen Zugang zum Privatleben	⊙ Kann spontan improvisieren	⊙ Sprunghaft und vergesslich	⊙ Einfühlsam und herzlich	⊙ Tendenz zum Schwätzer
⊙ Strahlt in Konflikten Ruhe aus.	⊙ In Diskussionen umständlich und langatmig	⊙ Steht gern im Mittelpunkt	⊙ Inkonsequenz	⊙ Versucht es möglichst allen recht zu machen	⊙ Lebt oft in der Vergangenheit
	⊙ Oft einseitig	⊙ Fähigkeit zu begeistern	⊙ Hektiker	⊙ Positive Grundeinstellung	⊙ Bisweilen zu ehrlich
		⊙ Immer offen für Neues	⊙ Lebt in der Gegenwart		⊙ Unsachlich
			⊙ Karrieretyp		⊙ Kann schlecht Nein sagen

6 Umgang mit mir selbst

Bevor Sie beginnen, zu Ihrem Chef, Ihren Kollegen oder zu Ihrer Verwandtschaft freundlich und effektiv Nein zu sagen, sollten Sie zuvor bei sich selbst prüfen, ob die Rahmenbedingungen dafür auch stimmen. Wie strukturieren Sie Ihren Alltag? Was möchten Sie für sich privat und was beruflich erreichen?

6.1 Wie sage ich freundlich Nein zu mir selbst?

Zu sich selbst Nein oder Ja zu sagen setzt voraus, dass Sie sich Prioritäten setzen. Wissen Sie genau, welche Prioritäten für Sie selbst wichtig sind, können Sie entscheiden, ob Sie die Zeit für ein Schwätzchen mit dem Kollegen haben oder ob Sie sich ein Stück Sahnetorte leisten möchten. Mit dem festen Entschluss vor Augen, in den nächsten zwei Wochen vier Kilo abzunehmen, lässt sich das Stück Sahnekuchen wesentlich besser verkneifen. Das hat einen psychologischen Hintergrund: Haben Sie sich selbst etwas strukturiert vorgenommen, richten Sie Ihre Gedanken und Ihr Handeln unbewusst auf Ihre Ziele aus. Sie bündeln Ihre Fähigkeiten und lassen sich dadurch nicht mehr so leicht aus der Bahn werfen.

Wenn die Zeit nicht ausreicht

Klagen Sie oft über Zeitnot und Arbeitsüberlastung? Fühlen Sie sich häufig gestresst, weil Sie es einfach nicht schaffen, das zu erledigen, was Sie sich vorgenommen haben? Rückt das große Ziel, das Sie erreichen wollten, immer weiter weg anstatt näher zu kommen? Haben Sie am Ende des Tages das Gefühl, nichts geschafft zu haben? Obwohl Sie den ganzen Tag hart gearbeitet haben; die eigentlichen Aufgaben werden erst nach Dienstschluss erledigt, wenn andere zu Hause bei ihrer Familie oder einer Freizeitbeschäftigung sind?

Wenn Sie einige diese Fragen mit Ja beantwortet haben, stellen Sie sich bitte noch eine weitere Frage: Wollen Sie sich das wirklich noch länger antun?

In diesem Kapitel finden Sie ein paar Tipps, wie Sie sich zukünftig besser organisieren können. Wenn Sie die Ihnen zur Verfügung stehende Zeit optimal nutzen, rücken ferne Ziele wieder in greifbare Nähe. Deshalb: Sagen Sie Nein dazu, dass Sie sich von Ihrer Arbeit und Ihrer Zeit beherrschen lassen. Beherrschen Sie sie selbst durch ein geschicktes Zeitmanagement.

Wenn Ihnen das gelingt, haben Sie vielseitigen Nutzen davon. Sie können besser Prioritäten setzen und unterscheiden effektiv zwischen dringenden und weniger wichtigen Dingen. Statt nur auf äußere Signale, Anforderungen, Wünsche usw. zu reagieren, können Sie mit einem erfolgreichen Zeitmanagement viele Freiräume schaffen, aus denen heraus Sie kreativ agieren können. Auch hochgesteckte Ziele lassen sich geplant besser angehen, so dass Ihnen mehr Zeit für private Dinge wie Familie, Freunde und Aktivitäten bleibt.

Starten Sie eine Bestandsaufnahme

Wo beginnen Sie nun, wenn Sie Ihre Zeit organisieren und effektiver nutzen wollen? Am Anfang steht die Analyse Ihrer jetzigen Situation. Nur wenn Sie wissen, wie Ihr Tag aussieht, können Sie anfangen, ihn zu verändern.

Schreiben Sie einen Tag lang auf, was Sie wann und wie lange gemacht haben. Notieren Sie sich bitte auch alle Kleinigkeiten wie kurze Gespräche, Störungen, Telefonate. Das ist zwar sehr aufwendig, gibt Ihnen jedoch einen einmaligen Überblick über Ihren Tagesablauf. Am Ende des Tages kreuzen Sie bitte an, wie stark die folgenden Aussagen auf Sie zutreffen:

Störquellen	Immer	Oft	Selten	Nie
Unangenehme Aufgaben werden von mir gern endlos hinausgezögert.				
Ich werde so oft gestört, dass nie etwas richtig fertig wird.				
Mein Schreibtisch quillt über. Ich blicke nicht mehr durch, was erledigt ist und was nicht. Die Bearbeitung dauert so länger.				
Ich packe mir den Tag randvoll mit Aufgaben. Das stellt mich ständig unter Druck.				
Meine Ziele sind privat wie beruflich nicht eindeutig formuliert oder zu hoch oder zu niedrig angesetzt.				

Mir mangelt es an Disziplin, meine Aufgaben anzufangen und zu Ende zu bringen.				
Morgens fange ich irgendwo mit dem Berg Aufgaben an, setze bei meiner Arbeit aber wenig Schwerpunkte. Dadurch verzettele ich mich oft in unwichtige Kleinigkeiten und wichtige bleiben unerledigt.				
Meine Tür steht immer offen. Ständig kommen unangemeldete Besucher, die mich jedes Mal aus der Konzentration reißen. Zu meiner eigentlichen Arbeit komme ich so kaum.				
Meetings und Konferenzen ziehen sich in die Länge, weil nie jemand richtig vorbereitet ist und nichts koordiniert verläuft.				
Ich verbringe viel Zeit mit Arbeit, die im Prinzip auch andere für mich erledigen könnten. Es gelingt mir selten, Aufgaben gut zu delegieren.				
Wenn mal keine Besucher kommen, läutet permanent das Telefon. 80 % der Gespräche könnten eigentlich von jemand anderem erledigt werden. Der Informationsaustausch dauert bei uns viel zu lang. Missverständnisse sind deshalb an der Tagesordnung.				
Es fällt mir nach wie vor schwer, anderen, die etwas von mir wollen, verbindlich Nein zu sagen, wenn ich eine andere Arbeit zu erledigen habe				

Auswertung: Zählen Sie zusammen, wie viele Kreuze Sie in jeder Spalte gemacht haben und tragen Sie sie in die untere Tabelle ein. Multiplizieren Sie nun bitte die eingetragenen Zahlen mit der dahinter stehenden Zahl und addieren Sie diese. Der Auflösung entnehmen Sie anschließend das Ergebnis Ihrer Bestandsaufnahme.

Immer		x 1 =	
Oft		x 2 =	
Selten		x 3 =	
Nie		x 4 =	
Gesamtwert			

Punktzahl	Auflösung
12–30 Punkte	Sie reagieren in erster Linie und agieren kaum. Aufgrund Ihrer mangelnden Zeitplanung stehen Sie ständig unter Druck und Stress und können Ihre eigenen Grenzen kaum benennen oder verbindlich durchsetzen.
31–36 Punkte	Bei Ihnen zeigen sich erste Ansätze, die eigene Zeit sinnvoll zu strukturieren. Sie haben Ihr Selbstmanagement aber noch nicht so im Griff, dass Sie auf Dauer gewinnbringend arbeiten.
37–42 Punkte	Sie managen die Ihnen zur Verfügung stehende Zeit bereits recht gut. Dadurch wissen Sie was und wohin Sie wollen. Optimierungen sind aber noch möglich.
Über 42 Punkte	Herzlichen Glückwunsch! Wenn Sie wirklich nicht gemogelt haben, haben Sie Ihr Umfeld optimal strukturiert. Sie haben Ihre Zeit fest im Griff und wissen genau wo Ihre Möglichkeiten und Grenzen liegen.

Wenn die gesteckten Ziele nicht erreicht werden

„Nachdem wir das Ziel endgültig aus den Augen verloren hatten, verdoppelten wir unsere Anstrengungen." (Mark Twain)

Wenn Sie für sich Ziele formulieren, was und wie Sie etwas schaffen wollen, beachten Sie bitte einige Aspekte, die Ihr Ziel beinhalten sollte. Ihre Planung hilft Ihnen, den Überblick zu behalten, Schwerpunkte und Prioritäten zu setzen und Ihre Fähigkeiten optimal einzusetzen. Bei den folgenden Anregungen ist es gleichgültig, ob es sich um private oder berufliche Ziele handelt.

Haben Sie Ihr Ziel genau beschrieben? Was möchten Sie am Ende erreichen? Welche Schritte sind für die Erreichung Ihres Ziels notwendig? Was muss heute erledigt werden, was hat bis morgen Zeit?

Planen Sie Ihren Tag

10 Minuten am Tag sollten Sie dazu nutzen, Ihre Tagesziele festzulegen und Ihre Aufgaben und vorhandene Zeit sinnvoll aufzuteilen. Am besten tun Sie dies abends, damit Sie am nächsten Tag direkt mit den wichtigsten Aufgaben starten können. In diesen 10 Minuten können Sie Wichtiges von Unwichtigem trennen, sich über anstehende Dinge einen Überblick verschaffen, Prioritäten setzen und vor allen Dingen Zeit sparen.

Schreiben Sie sich Ihre Planung auf. Einen groben Plan kann man im Kopf haben, die genaue Tages- oder Wochenplanung mit allen kleinen Aufgaben jedoch nicht:

Ein junger Mann, der sich selbständig gemacht hatte, war kurz davor, im Chaos zu versinken. Er war in der Computerbranche tätig und arbeitete so viel, dass man sich fragte, ob der Mann überhaupt ein Bett hatte. Viele Termine, Pläne und Organisatorisches schwirrten in seinem Kopf herum, so dass ihm die Dinge über den Kopf wuchsen. Eines Tages war er tatsächlich auf die Idee gekommen, die Inhalte seines Kopfes auf Papier zu bringen. Und siehe da: 90 fixe Punkte standen am Ende auf seiner Liste, die es noch zu erledigen galt. Erst an diesem Punkt konnte er anfangen vernünftig zu planen. So gelang es ihm dann doch, Klarheit in seine Aufgaben zu bringen und wichtige Dinge nicht zu vergessen.

Dabei ist es so einfach, dem Chaos, dem Stress und der Überlastung vorzubeugen:

⊙ Was schriftlich gemacht wird, wird nicht „mal eben schnell" umgeworfen, sondern hat größere Verbindlichkeit.

⊙ Das Gehirn wird deutlich entlastet und kann sich anderen, kreativeren Dingen zuwenden.

⊙ Was Sie trotz optimaler Zeitplanung nicht schaffen, können Sie auf den nächsten Tag übertragen, ohne dass Sie die Übersicht verlieren. Die schriftliche Fixierung dient deshalb auch der Kontrolle.

⊙ Nichts motiviert so sehr, wie einen erledigten Punkt durchzustreichen.

⊙ Sie verzetteln sich nicht mehr in Dinge, die nicht auf der Liste stehen und damit heute eindeutig keine Priorität besitzen.

⊙ Sie haben ständig einen schriftlichen Beleg über Ihre Tätigkeiten. Das kann auch Ihren Teamkollegen und Vorgesetzten helfen, da Sie sie schneller über den Stand Ihrer Arbeiten informieren können.

In einen Tagesplan gehört alles, was Sie am Tag vorhaben, angefangen von Telefonaten, Meetings, Pausen und Projekten bis hin zu Freizeitterminen. Es ist weniger ein Problem, die Termine zusammenzusuchen – schwieriger ist es, genau abzuschätzen, wie viel Zeit Sie für diese Termine benötigen. Genauso schwer fällt es, die Zeit für die Erledigung einzelner Aufgaben im Voraus zu bemessen. Es erfordert einige Übung, die zeitliche Dauer realistisch zu planen.

Gehen Sie für die Planung Ihres Tages nach folgender Regel vor: 60 Prozent Ihrer Zeit planen Sie fest, 40 Prozent Ihrer Zeit dient als Puffer und wird nicht verplant. Es gibt immer Dinge, die Sie nicht voraussehen können. Für solche unvorhergesehenen Dinge benötigen Sie einen großzügigen zeitlichen Puffer. Probieren Sie aus, ob Sie mit 40 Prozent Freiraum auskommen. Einige Tätigkeiten erfordern wesentlich mehr Flexibilität als andere. Wer sich die Termine im Fünf-Minuten Abstand voneinander legt, braucht sich nicht wundern, warum er bereits bei der dritten Besprechung ins Schleudern kommt und hoffnungslos seinem Zeitplan hinterherläuft. Wenn Sie mit dem Auto im Stau stehen, halten Sie ja auch zum Vordermann einen respektvollen Abstand, um auf unvorhergesehenes Bremsen reagieren zu können.

Mit Prioritäten zum Ziel: Das Erste vor dem Nächsten

Bedenken Sie bei jeder Aufgabe, die Sie in Ihren Tagesplan übernehmen wollen, zwei Dinge:

⊙ Wie wichtig/relevant ist die Aufgabe?

⊙ Wie dringend ist die Aufgabe?

Ob im Berufs- oder im Privatleben, ob Sie ein größeres Projekt leiten oder eine Feier planen – das Schema bleibt immer dasselbe. Relevanz und Dringlichkeit einer jeden Aufgabe müssen gegeneinander abgewogen werden. Je nach Dringlichkeitsstufe ergeben sich drei Abstufungen:

A-Aufgabe

Sie hat die höchste Priorität. Die Aufgabe ist sehr wichtig, oder sehr dringlich. Wenn Sie nicht sofort erledigt wird, hat dies erhebliche negative Folgen. Wenn Sie mehrere A-Aufgaben haben, dann gewichten Sie diese Aufgaben nochmals untereinander.

Am besten legen Sie sich Ihre A-Aufgaben in die Zeit, in der Sie am besten arbeiten können. Wie die allgemeine Leistungskurve zeigt, sind das meistens die Vormittagsstunden oder zur Not die späten Nachmittagsstunden.

B-Aufgabe

Hier handelt es sich um Aufgaben, die zum normalen Arbeitsgeschäft gehören. Sie werden immer erst nach Beendigung der A-Aufgaben bearbeitet. Sollten Sie so viele A-Aufgaben haben, dass Sie nicht mehr zu Ihren Routineaufgaben kommen, dann versuchen Sie die B-Aufgaben zu delegieren.

C-Aufgabe

Dies sind in der Regel Aufgaben, die eigentlich einmal gemacht werden müssten. Sie sind jedoch weder dringlich, noch sehr wichtig. Erledigen Sie solche Tätigkeiten in ruhigen Zeiten und nicht gerade in Ihren wertvollen aktiven Stunden.

Einmal gewertete Aufgaben verändern natürlich ihre Wichtigkeiten. Auch eine C-Aufgabe kann irgendwann einmal zur A-Aufgabe werden, wenn man sie nur lang genug liegen lässt. Aus diesem Grund sollten Sie jeden Tag Ihre Aufgaben danach durchsehen, ob sich die Prioritäten der Aufgaben verändert haben.

Was gestern als B-Aufgabe unerledigt geblieben ist, kann heute eine A-Aufgabe geworden sein.

Freundlich Nein sagen zu Störungen

Wenn Sie wissen, dass Sie eine sehr dringende und wichtige Aufgabe zu erledigen haben, reservieren Sie sich für diesen Zeitraum eine ruhige Umgebung. Lassen Sie sich nicht ablenken, nur weil der Schwatz mit dem Mitarbeiter, das Anschauen alter Betriebsausflugs-Fotos soviel attraktiver erscheint als die momentane A-Aufgabe. Sie haben mit Ihrer schriftlichen Tagesplanung, die nach Prioritäten geordnet ist, eine klare Vereinbarung mit sich selbst getroffen.

Wenn Sie gestört werden oder sich selbst ablenken, müssen Sie immer wieder von vorn anfangen. Sie werden aus Ihrer Konzentration herausgerissen, brauchen immer länger, um wieder ins Thema zurückzufinden und verlieren am Schluss Ihre Konzentration und Ihre Motivation.

10 Regeln, den Tag zu planen

⊙ Übertragen Sie alle Aufgaben aus der Vorplanung in den nächsten Tag.
⊙ Sorgen Sie für einen optimalen Start.
⊙ Bereiten Sie den Tag gründlich vor.
⊙ Planen Sie Ihren Tag realistisch.
⊙ Reservieren Sie sich Zeiträume für Unvorhergesehenes.
⊙ Berücksichtigen Sie Ihren Lebensrhythmus bei Ihren Tagesplanungen.
⊙ Versehen Sie Ihre Aufgaben mit Prioritäten.
⊙ Reservieren Sie sich Pausen.
⊙ Planen Sie jeden Tag etwas, worauf Sie sich freuen können.
⊙ Bereiten Sie jeden Tag nach.

6.2 Umgang mit der eigenen Persönlichkeit: Fallbeispiele

Wenn Sie ein Typ mit stark ausgeprägten G-Zügen sind

Sie sitzen schon ewig lange an der Präsentation, sie gefällt Ihnen immer noch nicht hundertprozentig. Zwar bieten Ihnen Ihre Kollegen Mithilfe an, aber Sie trauen ihnen diese komplizierte Angelegenheit nicht recht zu. Sie wollen es alleine schaffen, und wenn es die ganze Nacht dauert. Dann können Sie wenigstens sicher sein, dass alles nach Ihren Vorstellungen läuft.

Die Kollegen sind Ihnen oft zu schludrig und zu wenig ehrgeizig. Kritisch betrachten Sie die Präsentation und stellen fest, dass die Graphik besser ein anderes Format bekommen müsste: „Ach, wenn schon", denken Sie sich, „Auf die paar Minuten kommt es jetzt auch nicht mehr an. Für das Fitness-Studio ist es eh zu spät. Hoffentlich ist Kathrin jetzt nicht sauer, dass schon wieder nichts daraus wird ..."

Sagen Sie freundlich Nein zum eigenen Perfektionismus

⊙ Wenn Sie nie zum Ende kommen, setzten Sie sich schriftlich klare Grenzen. Auch wenn es noch nicht perfekt ist, ab 13.00 Uhr ist das nächste Thema an der Reihe. Ansonsten werden von fünf Aufgaben zwei 120 %ig, drei dagegen nur 60 %ig erledigt.

⊙ Suchen Sie sich bewusst Freiräume, die einen Ausgleich zum perfekten Arbeiten bieten wie Sport, Konzerte, Zusammensein mit Freunden. Begreifen Sie diese Freiräume als Luxus, der nicht von allein auf Sie zukommt, sondern den Sie fest in Ihren Tagesplan integrieren müssen.

⊙ Sehen Sie Ihre Leistung durch Mithilfe Ihrer Mitmenschen nicht als geschmälert an. Wer sich gut organisiert, weiß, was er wann an wen abgeben kann.

⊙ Statt sich vergangene Fehler vorzuhalten, versuchen Sie den Blick auf bereits erbrachte Leistungen zu richten. Sollten Ihnen keine einfallen, nehmen Sie Ihren Planer zu Hilfe. Dazu ist er schließlich ebenfalls da.

Wenn Sie ein Typ mit stark ausgeprägten E-Zügen sind

Stellen Sie sich vor, Sie haben sich fest vorgenommen, eine Gehaltserhöhung beim Chef zu erreichen. Immerhin haben Sie es geschafft einen Gesprächstermin zu vereinbaren. Seitdem quälen Sie sich schlaflos durch die Nächte, in denen Sie in immer wiederkehrenden inneren Monologen Argumente für Ihre Forderung sammeln. Allerdings finden Sie mehr Gegenargumente und sehen Ihre Lage letztlich völlig schwarz. Zudem schaut Sie der Chef in der Firma jetzt immer so merkwürdig an und scheint Sie besonders hart ranzunehmen. Am Tag vor dem Gespräch sagen Sie den Termin ab. „Es hat doch sowieso keinen Zweck. Früher habe ich das auch nie hinbekommen", sagen Sie sich. Und einmal mehr haben Sie sich erfolgreich auf Misserfolg programmiert.

Sagen Sie freundlich Nein zur eigenen Ängstlichkeit

⊙ Planen Sie Ihr Leben so, dass Sie sich kontinuierlich kleinere Ziele – auch Zwischenziele – setzen. Große Ziele und Entscheidungen wirken oft unerreichbar und verunsichern. In kleineren Schritten lassen sich auch die großen Ziele erreichen.

⊙ Oft gewinnen Argumente, die gegen die eigene Zielerreichung sprechen, an überdimensionaler Gewichtung. Wenn Sie vor lauter negativem Denken keinen klaren Gedanken mehr fassen können, schreiben Sie sich alle Für und Wider auf und stellen sie einander gegenüber. So wird Ihnen die Angelegenheit viel klarer.

⊙ Üben Sie zunächst in für Sie einfacheren Situationen. Wer ängstlich ist, braucht zunächst Erfolgserlebnisse. Gerade, wenn Sie ein eher ängstlicher Mensch sind, machen gerade kleine Erfolgserlebnisse Mut, die Sie sich in kritischen Situationen vor Augen halten können.

⊙ Lassen Sie im Geiste immer dann ein großes Schild mit der Aufschrift „Stop" aufleuchten, wenn negative und ängstliche Gedanken auftauchen (siehe auch Übung in Kapitel 4).

Wenn Sie ein Typ mit stark ausgeprägten A-Zügen sind

In allerletzter Sekunde erreichen Sie den Zug. Auto fahren wäre Ihnen eigentlich lieber, da können Sie jedoch nicht arbeiten. Während Sie über Ihren Kalkulationen sitzen, fällt Ihnen siedend heiß ein, dass Sie gestern das Interview mit dem Radiosender verschwitzt haben. Irgendwo hatten Sie den Termin doch notiert. ‚Egal', denken Sie sich, ‚kontaktiere ich eben den anderen Sender.' Das Piepsen eines Handys erinnert Sie daran, den Leiter der Baufirma anzurufen, um über die Neugestaltung der Büroräume zu sprechen. Der Einbau der verschiebbaren Wände war eine glänzende Idee gewesen, die Ihnen ein sehr wohlwollendes Lächeln Ihres Chefs eingebracht hat. Leider hat er Ihnen jetzt die Verantwortung für die Durchführung der Maßnahme gegeben. Eigentlich würden Sie sich in dieser Zeit viel lieber in die neuen Aktienstrategien einarbeiten, die Sie ausgeheckt haben. Aber irgendwie kommen Sie in letzter Zeit zu gar nichts ...

Sagen Sie freundlich Nein zur eigenen Sprunghaftigkeit

⊙ Wer viele Ideen hat und alles auf einmal schaffen will, sollte sich außerordentlich gut organisieren. Zu viele Ideen und Projekte führen sonst dazu, die eigene Linie aus dem Auge zu verlieren.

⊙ Haben Sie für sich ein deutliches Ziel oder eine Vision formuliert, können Sie Ihre Kreativität daraufhin ausrichten.

⊙ Sprechen Sie mit Freunden und Bekannten über Ihre Ideen und Vorstellungen. Gerade kreative Macher geraten in Gefahr, die Realität etwas aus den Augen zu verlieren und wundern sich hinterher, warum ihnen alles über den Kopf gewachsen ist.

⊙ Belohnen Sie sich, wenn Sie ein Ziel erreicht oder eine Idee von Anfang bis Ende durchgeführt haben.

⊙ Arbeiten Sie systematisch mit einem Planer und setzen Sie sich deutlich Ihre täglichen Prioritäten. Ansonsten verzetteln Sie sich hinterher so, dass Sie keine Ihrer Ideen tatsächlich umsetzen können.

7 Umgang mit dem Kunden

Das Verhältnis zwischen Kunden und Mitarbeitern bietet immer wieder Stoff für Diskussionen. Die gern geführte Debatte um die „Servicewüste Deutschland" trägt dazu bei, das Verhalten von Personen mit Kundenkontakt kritisch zu betrachten.

Sicherlich wünscht sich ein Kunde neben einer kompetenten und schnellen Bedienung auch eine zuvorkommende Behandlung. In einem Markt, in welchem die Angebote der einzelnen Unternehmen sich immer ähnlicher und damit schwerer vergleichbar werden, beeinflusst die Freundlichkeit des Mitarbeiters die Entscheidung des Kunden für ein Unternehmen in hohem Maß. Die Unternehmen reagieren, indem sie eine individuelle, freundliche Betreuung ihrer Kunden intensiv fördern. Dies geschieht zum einen durch Schulungen und die Gestaltung einer angenehmen Arbeitsatmosphäre, andererseits durch eine verstärkte Kontrolle des Mitarbeiterverhaltens.

Solchen Anforderungen und Diskussionen sehen Sie als Mitarbeiter mit Kundenkontakt sich nun gegenüber. Sicherlich entspricht eine freundliche Behandlung der Kunden auch Ihren persönlichen Idealen. Aspekte wie Zeitdruck, ein hohes Arbeitspensum oder die Notwendigkeit, viele Kunden gleichzeitig zufrieden zu stellen, können Ihre Bemühungen um Freundlichkeit jedoch belasten.

7.1 Nicht alle Wünsche können erfüllt werden

In vielen Situationen sehen Sie sich zu einem Nein hinsichtlich der Wünsche Ihrer Kunden gezwungen: Während des Sommerschlussverkaufs zum Beispiel, wenn an jeder Kasse 20 Personen in der Warteschlange stehen, kann dem Wunsch nach schneller Bezahlung nicht entsprochen werden. Wünscht der Kunde ein Produkt, welches weder vorrätig noch lieferbar ist, kann dieser Wunsch ebenfalls nicht erfüllt werden.

Wie aber können Sie den Wunsch eines Kunden abschlagen und dennoch dem Ideal der freundlichen Kundenbetreuung entsprechen? Welche Möglichkeiten Nein zu sagen und dem Kunden dennoch ein Gefühl von gelebter Freundlichkeit zu vermitteln stehen Ihnen zur Verfügung?

Wie sage ich freundlich Nein zu meinen Kunden?

Um meinem Kunden freundlich Nein sagen zu können, muss ich mich zunächst mit der Frage befassen, was ein Kunde wohl als freundlich empfinden könnte. Da sich jeder schon einmal in der Kundenrolle befunden hat, dürfte es nicht schwer fallen, sich in die Situation eines Kunden hineinzuversetzen:

Stellen Sie sich vor, es ist Samstag, für Sie ein ganz normaler Arbeitstag. Da für den Abend überraschend Freunde ihren Besuch angekündigt haben, sind Sie gezwungen, in ihrer kurzen Mittagspause noch schnell im nahegelegenen Supermarkt einzukaufen. Dort angekommen, stellen Sie resigniert fest, dass es von Menschen nur so wimmelt, die ebenfalls ihre Wochenendeinkäufe erledigen. Seufzend stürzen Sie sich ins Gewühl und begeben sich auf die Suche nach den Zutaten für ihr Abendessen. Schließlich haben Sie alles besorgt, lediglich die Ananas für den Nachtisch fehlt noch. Also fragen Sie eine Verkäuferin in der Nähe der Obst- und Gemüsestände: „Entschuldigen Sie, wo finde ich denn hier Ananas?" Diese antwortet „Es tut mir leid, ich kenne mich in dieser Abteilung nicht aus. Ich frage aber gern bei der Kollegin nach, bitte warten Sie einen Moment!" Kurze Zeit später kommt die Verkäuferin wieder, geht mit Ihnen durch die Obstabteilung und zeigt Ihnen die Ananas. Erleichtert begeben Sie sich zur Kasse. Dort angelangt, sehen Sie sich mit einer Schlange von zehn Personen mit vollgepackten Einkaufswagen konfrontiert. Sie ergeben sich in Ihr Schicksal und hoffen darauf, schnell bezahlen zu können. Als nur noch drei Kunden vor Ihnen stehen, beginnt einer von ihnen auf die Kassiererin einzureden. Worum es dabei geht, können Sie wegen der Entfernung nicht genau verstehen. Einen Moment später steht die Kassiererin auf und sagt zu den wartenden Kunden: „Bitte haben Sie einen Moment Geduld. Ich muss eine Warenauszeichnung überprüfen und bin in einer Minute wieder für Sie da!" ‚Naja' denken Sie, ‚das kann halt passieren ...' Schon nach kurzer Zeit erscheint die Kassiererin wieder an ihrem Platz und bedient die restlichen Kunden, so dass Sie tatsächlich rechtzeitig wieder an Ihrem Arbeitsplatz erscheinen können.

Dieses Beispiel zeigt, dass es selbst in schwierigen Situationen möglich ist, einen Kunden zuvorkommend zu betreuen. Sowohl die Verkäuferin am Obststand als auch die Kassiererin konnten dem gestressten Kunden Freundlichkeit vermitteln. Beide haben das Bemühen gemeinsam, den Kunden nicht „im Regen stehen zu lassen". Statt ihn mit eine Killerphrase wie: „Weiß ich nicht, das ist nicht meine Abteilung" abzuwimmeln oder die Kasse wortlos zu verlassen, zeigen Sie dem Kunden, dass Sie ihn ernst nehmen. Der Ansatzpunkt für ein freundliches Nein lautet: Der Kunde verdient Respekt.

Bemühe ich mich, den Kunden als Person wahrzunehmen, mich in seine Situation hineinzuversetzen und ihm nach Möglichkeit weiterzuhelfen, können viele Konflikte vermieden werden. Diese Vorgehensweise lässt sich in drei Schritte gliedern:

⊃ Einfühlen und Bedauern zeigen

Zeigen Sie dem Kunden, dass Ihnen seine Situation nicht gleichgültig ist. Indem Sie sagen: „Es tut mir leid", machen Sie deutlich, dass Sie mit ihm fühlen. Vielleicht denken Sie jetzt: ,Ich muss mich doch nicht für etwas entschuldigen, woran ich keine Schuld habe!' Es geht aber nicht darum, sich zu entschuldigen. Der Satz „Es tut mit leid" macht dem Kunden lediglich klar, dass Sie seine Situation verstehen und bedauern, ihm nicht weiterhelfen zu können.

⊃ Sachinformation geben

Wenn es die Situation erlaubt, informieren Sie den Kunden kurz, warum Sie ihm nicht helfen können. Auf diese Weise beziehen Sie den Kunden ein und zeigen, dass Sie ihn respektieren. Wer informiert ist, hat eher das Gefühl, die Kontrolle über eine Situation zu behalten. Ein Beispiel hierzu: Stellen Sie sich vor, Sie warten auf eine nicht erscheinende Straßenbahn. Wenn Sie nach einigen Minuten über eine Lautsprecherdurchsage erfahren, dass die Straßenbahn wegen eines Schadens ausfällt und die nächste in zehn Minuten kommt, sind Sie darüber zwar sicherlich nicht erfreut. Aber Sie sind zumindest über Ihre derzeitige Situation informiert und können sich darauf einstellen.

⊃ Lösung anbieten

In diesem letzten und wichtigsten Schritt helfen Sie dem Kunden weiter. Er konnte bereits feststellen, dass er Ihnen nicht gleichgültig ist und hat zur Kenntnis genommen, warum Sie sein Problem nicht in der Form lösen können, wie er es sich vorstellt. Wenn Sie Ihre Betreuung jetzt beenden, lassen Sie den Kunden trotzdem „im Regen stehen". Er ist zwar informiert, sieht aber noch keinen Ausweg aus seinem Dilemma. Zeigen Sie dem Kunden jetzt einen Ausweg, indem Sie ihm eine alternative Lösung anbieten. Erinnern Sie sich noch an die Verkäuferin aus unserem Beispiel? Sie konnte ihrem Kunden die gewünschte Information über den Aufbewahrungsort der Ananas nicht selbst geben. Dennoch hat sie dem Kunden weitergeholfen. Ihre Lösung bestand darin, die zuständige Kollegin zu finden und sich selbst zu informieren, was ihr sicherlich schneller gelang, als wenn der Kunde selbst gesucht hätte. Anschließend begleitete sie ihren Kunden sogar persönlich zum Ananasstand und vermied auf diese Weise eine weitere Suchaktion.

Was aber ist zu tun, wenn es keine Lösung gibt?

Der Chef ist trotz einer dringenden Angelegenheit des Kunden nicht erreichbar, da er sich im Flugzeug auf dem Weg zu einem Geschäftstermin befindet? In diesem Fall können Sie nur Verständnis für die missliche Situation des Kunden zeigen, ihn informieren und zugeben, dass Sie ihm leider nicht helfen können: „Es tut mir leid, ich kann verstehen, dass Sie Ihre Angelegenheit dringend bearbeiten müssen. Herr Dorner ist jedoch geschäftlich unterwegs und bis morgen früh nicht erreichbar. Leider sehe ich im Moment keine Möglichkeit, wie Sie ihn früher sprechen können."

Über die Äußerung „Ich kann verstehen, dass Sie Ihre Angelegenheit dringend bearbeiten müssen" machen Sie dem Kunden klar, dass Sie sich in seine Lage hineinversetzen und er Ihnen nicht gleichgültig ist. Anschließend geben Sie ihm eine Sachinformation: Herr Dorner ist geschäftlich unterwegs und nicht zu erreichen. Zuletzt geben Sie ehrlich zu, dass Sie leider keine Lösung für sein Problem haben. Natürlich wäre der Kunde erfreut gewesen, wenn Sie ihm hätten helfen können. Indem Sie ihn jedoch nicht mit einer Floskel beruhigt, sondern eine klare Aussage gemacht haben, ermöglichen Sie ihm, sofort nach einem anderen Ausweg zu suchen. Mit einer Aussage wie „Er ist nicht im Haus, bitte versuchen Sie es doch später noch einmal" beruhigen Sie den Kunden vielleicht für kurze Zeit, riskieren aber eine unangenehme Auseinandersetzung zu einem späteren Zeitpunkt.

Nicht immer ist der Kunde gut gelaunt

Auch wenn die meisten Menschen ein freundliches Auftreten als Ideal anstreben, gibt es doch immer wieder Situationen, in denen es schwer fällt, den Kunden so zu nehmen, wie er ist. Dies ist meist dann der Fall, wenn wir es nicht mit
dem angenehmen, kooperativen Kunden zu tun haben, sondern mit einem anscheinend muffeligen Miesepeter. Zweifellos stellt der Umgang mit schlechtge-
launten oder aufgebrachten Kunden Ihre Geduld mitunter auf eine harte Probe
und erfordert viel Fingerspitzengefühl. Doch auch solche „Problemfälle" können durch ein verbindliches Auftreten und eine geschickte Gesprächsführung
freundlicher gestimmt werden. Alle Kunden haben ein Recht auf Freundlichkeit
oder zumindest auf Achtung ihrer Persönlichkeit – auch die „Schwierigen"!

Durch Einfühlungsvermögen zu einer positiven Einstellung

Die wichtigste Voraussetzung für einen positiven Umgang mit schlechtgelaun-
ten Menschen ist eine positive Einstellung dem anderen gegenüber. Jeder verdient Respekt vor seiner individuellen Persönlichkeit. Bezogen auf den Alltag
im Berufsleben heißt das: Ich versuche, mich in die Lage des Kunden, Patienten oder Klienten zu versetzen und ihn so zu nehmen, wie er ist. Auch dann,
wenn er nicht ganz meinen persönlichen Idealvorstellungen entspricht. Dies
bedeutet nicht, tiefe Sympathie zu empfinden, sondern lediglich, den andern
zu akzeptieren.

Sicherlich gibt es Menschen, bei denen es schwerer fällt, freundlich zu
bleiben. Hier sollte man sich zunächst einmal fragen: „Meint dieser Mensch
mit seinem Verhalten wirklich mich?"

Es gibt Situationen, die von Kunden oder Klienten von vornherein als belastend empfunden werden. Dazu gehört beispielsweise der Gang zu Behör-
den, zu Ärzten oder zum Anwalt. In solchen Situationen fühlt sich der Kunde
oft ausgeliefert oder als Bittsteller. Selten ist eine Person vorhanden, bei welcher er sich im Fall von Missverständnissen beschweren kann. Mitunter muss
er sich darauf einstellen, unangenehme Informationen zu erhalten. Und fast
immer stören Behördengänge oder Arztbesuche den gewohnten Tagesablauf.

In den seltensten Fällen möchten Menschen mit ihrem Verhalten wirklich
die vor ihnen stehende Person verletzen. Wer in schwierigen Gesprächen versucht, sich die mögliche Situation seines Gegenübers bewusst zu machen und
freundlich zu bleiben, schont dadurch nicht zuletzt die eigenen Nerven und

damit seine Gesundheit. Ihr Kunde oder Klient ist nicht auf Sie als Person schlecht zu sprechen. Sie verkörpern jedoch in diesem Moment die Situation oder stehen für das Unternehmen, mit dem er zu tun hat.

Stellen Sie sich vor, Sie sind wegen einer neuen Arbeitsstelle umgezogen und müssen nun auch Ihr Auto ummelden. Die Anforderungen des neuen Arbeitsplatzes sorgen jedoch für einen randvollen Terminkalender. Nur mit Mühe gelingt es Ihnen, einen Termin für Ihren Behördengang einzuschieben. Beim Straßenverkehrsamt angekommen, montieren Sie erst einmal die Nummernschilder Ihres Wagens ab. Leider erweist sich diese Angelegenheit als einigermaßen kompliziert und führt prompt zu einer verschmutzten Hose. In der Wartehalle stellen Sie schließlich fest, dass noch 20 andere Menschen das gleiche Anliegen wie Sie verfolgen und dass Sie anscheinend Ihre Abmeldebescheinigung vergessen haben. Ihnen bleibt nur übrig, zu warten und auf das Verständnis des Schalterbeamten zu hoffen.

Was glauben Sie? Gelingt es Ihnen, in dieser Situation noch gute Laune auszustrahlen? Wenn Sie sich jetzt noch vorstellen, wie Sie nach 45 Minuten an die Reihe kommen und der Schalterbeamte Ihnen freundlich mitteilt, dass er Ihr Anliegen ohne Abmeldebescheinigung leider nicht bearbeiten darf, haben Sie sicher Verständnis für die Situation schlechtgelaunter oder aufgebrachter Kunden.

Freundlich bleiben statt Gleiches mit Gleichem zu vergelten

Auch wenn es Ihnen schwer fällt: Versuchen Sie, unfreundliches Verhalten nicht durch Unfreundlichkeit zu vergelten. Versetzen Sie sich in die Lage Ihres Kunden. Machen Sie sich bewusst, dass sein Ärger nicht Ihnen, sondern seiner Situation beziehungsweise der Institution gilt, die Sie in diesem Moment verkörpern. Nur wenn Sie sein Verhalten nicht imitieren, kann es Ihnen gelingen, den Kunden positiver zu stimmen.

Indem Sie freundlich bleiben, nehmen Sie dem Kunden den Wind aus den Segeln. Je zuvorkommender Sie sind, desto eher besteht die Wahrscheinlichkeit, dass der Kunde sich seines unpassenden Verhaltens bewusst wird. Zeigen Sie dem Kunden, dass Sie sich in seine Lage hineinversetzen können und Verständnis haben. Unser Schalterbeamte beim Straßenverkehrsamt könnte zum Beispiel sagen: „Es tut mir leid, aber ohne Abmeldebescheinigung darf ich Ihren Wagen leider nicht ummelden. Wahrscheinlich haben Sie jetzt lange gewartet, das muss wirklich ärgerlich für Sie sein." Mit großer Wahrscheinlichkeit wird der Kunde jetzt sagen: „Ja, das ist allerdings ärgerlich." Aber selbst wenn er Sie beschimpfen sollte, gilt sein Ärger doch eigentlich nicht Ihnen, sondern den ärgerlichen Umständen. Halten Sie ihm jedoch auf keinen Fall vor, dass schließlich er die Abmeldebescheinigung vergessen hat! Der Kunde weiß im Grunde, dass er einen Fehler gemacht hat und könnte Ihre Bemerkung schnell als Vorwurf interpretieren. Ihr Verständnis für seinen Ärger dagegen wird ihn überraschen und sehr viel schneller beruhigen als die Klärung der Schuldfrage. Darüber hinaus schonen Sie mit diesem Verhalten Ihre eigenen Nerven. Anstatt sich über einen unverschämten Kunden zu ärgern, können Sie sich dann vielleicht über die freundliche Verabschiedung freuen.

Zeigen Sie Initiative!

Wir haben bereits festgestellt, dass niemand es schätzt, mit einem Problem allein gelassen zu werden. Auch wenn Sie gerade keine Möglichkeit sehen, das Problem Ihres Kunden zu lösen – vielleicht können Sie seine Situation zumindest erleichtern? Unser Schalterbeamte im Straßenverkehrsamt weiß vielleicht, zu welcher Zeit die Zahl der Besucher etwas niedriger ist. Er könnte seinem Kunden sagen: „Ich verstehe, dass sie sich über die lange Wartezeit ärgern. Wissen Sie was? Wenn Sie es einrichten können, versuchen Sie es doch einmal montags oder donnerstags gegen 17 Uhr, da sind meistens viel weniger Besucher hier." Möglicherweise kann der Schalterbeamte bei seinem Vorgesetzten nachfragen, ob eine Zusendung per Post denkbar wäre? Versuchen Sie, Initiative zu zeigen. Machen Sie dem Kunden deutlich, dass Sie sich für sein Anliegen einsetzen. Sobald der Kunde erkennt, dass Sie sich um sein Wohl bemühen, wird sein Ärger bald verfliegen.

Der Kunde reklamiert

Eine ganz besondere Situation liegt immer dann vor, wenn der Kunde reklamiert oder kritisiert. Er ist unzufrieden mit der vom Unternehmen erbrachten Leistung und äußert dies auch. Wie er seine Beschwerde anbringt, hängt von seinem Persönlichkeitstyp ab: Manche Kunden äußern ganz bestimmte Wünsche und lassen sich auf keinerlei Kompromisse ein. andere werden wütend und beginnen eine unsachliche Diskussion. Aufgabe des Kundenbetreuers ist es nun, so zu agieren, dass der Kunde sich mit seinem Anliegen ernst genommen fühlt und die Reklamation zu einer ihn zufrieden stellenden Lösung führt. Dabei schafft insbesondere die innere Einstellung des Kundenbetreuers die Grundlage für eine erfolgreich abgewickelte Reklamation.

Reklamation als Chance

Reklamationen oder Kritikgespräche sind oftmals gleichbedeutend mit Stress und Ärger. Ein Kunde, der reklamiert, nimmt häufig mehr von Ihrer Zeit in Anspruch und verlangt eine intensivere Betreuung als ein zufriedener Kunde. Daher empfinden Sie Reklamationen oft als Störung des normalen Tagesablaufs. Enttäuschte Kunden sind zudem nicht immer höflich und freundlich. Unter Umständen führt dies dazu, dass Sie sich persönlich angegriffen fühlen und dementsprechend reagieren.

Dennoch müssen Reklamationen oder Kritik nicht zwangsläufig Stress und Ärger bedeuten. Ein Kunde, der reklamiert, bedeutet eine Chance für Sie und das Unternehmen. Er macht auf Fehler aufmerksam, die ohne ihn vielleicht erst zu einem viel späteren Zeitpunkt entdeckt würden. Durch seine Beschwerde gibt er dem Unternehmen die Möglichkeit, sich zu verbessern. Jeder Kunde, der Kritik übt, liefert dem Unternehmen wertvolle Informationen, für die es unter anderen Umständen vielleicht teuer bezahlen müsste. Dazu kommt die Tatsache, dass nur ein sehr geringer Anteil unzufriedener Kunden tatsächlich Kritik äußert. Die meisten Kunden sprechen ihre Unzufriedenheit gar nicht erst aus, sondern bleiben einfach weg. Sie wechseln den Anbieter, ohne dem vorherigen Unternehmen Gelegenheit zur Verbesserung zu geben.

Reklamierende Kunden dagegen zeigen noch Interesse. Sie warten ab, ob der Fehler behoben werden kann, und entscheiden erst dann über einen eventuellen Wechsel zu einem anderen Unternehmen. Dies ist ein Grund, Kritik nicht als Ärgernis, sondern als Chance zu sehen. Der zweite Grund liegt in der Gelegenheit, über Weitersagen sogar neue Kunden zu gewinnen. Kunden, die sehr zufrieden mit der Leistung eines Unternehmens sind, erzählen dies gerne weiter. Das Gleiche gilt jedoch auch für Kunden, die sich über eine schlechte Leistung geärgert haben. Daher ist es wichtig, Kunden auch im Reklamationsfall so entgegenzukommen, dass sie dennoch von der Leistung eines Unternehmens begeistert sind. Nur wenn ein Kunde sich jederzeit, also auch im Reklamationsfall, gut betreut fühlt, wird er ein Unternehmen ein weiteres Mal aufsuchen und kann so zum Stammkunden werden.

Reklamationen freundlich bearbeiten

Wie aber können Sie so unangenehme Dinge wie eine Reklamation freundlich bearbeiten? Und wie kann es Ihnen gelingen, selbst einen aufgebrachten Kunden umzustimmen?

Das Prinzip, mit welchem eine Reklamation zu einem positiven Ausgang geführt werden kann, stützt sich auf die bereits bekannten drei Grundsätze des freundlichen Nein. Diese lauteten:
1. Einfühlen, Bedauern und Interesse zeigen.
2. Begründung oder Sachinformation geben.
3. Lösung oder Alternativen anbieten.

Um auf die besonderen Gegebenheiten einer Reklamation oder eines Kritikgesprächs eingehen zu können, müssen diese Grundsätze jedoch weiterentwickelt werden. Dies wird an einem Beispiel deutlich:

Im Küchenstudio Kochlöffel beschwert sich ein Kunde am Telefon. Es entwickelt sich folgender Dialog:

„Kochlöffel Qualitätsküchen, Dieter Schulze, was kann ich für Sie tun?"

„Horst Baumann mein Name. Bei mir wurde heute eine Küche aufgebaut, und jetzt stelle ich fest, dass die Kühlschranktür und die Arbeitsplatte völlig verkratzt sind! Das kann doch nicht sein, bei den Preisen, die Sie verlangen!"

„Herr ... wie war gleich Ihr Name?"

„Baumann, Horst Baumann! Habe ich doch eben gesagt!"

„Herr Baumann, es tut mir leid, aber wir können im Moment leider nichts für Sie tun. Der zuständige Sachbearbeiter ist bedauerlicherweise nicht mehr im Haus."

„Was soll das heißen, er ist nicht mehr im Haus! Es wird ja wohl jemand eine Beschwerde aufnehmen können!"

„Sie können Herrn Nasser morgen früh wieder zwischen acht und zwölf Uhr telefonisch erreichen. Ich bin nicht für Reklamationen zuständig und kann Ihnen daher nicht helfen."

„Morgen früh zwischen acht und zwölf Uhr pflege ich zu arbeiten! Sonst könnte ich mir wohl kaum Ihre Küche leisten! Das ist doch unglaublich, was für unfähige Menschen einfach ans Telefon gesetzt werden. Sie wollen Qualitätsküchen verkaufen? Ich werde mich wohl besser schriftlich beim Geschäftsführer beschweren! Sie hören von mir, guten Tag!"

Nach diesem Gespräch sitzt Herr Schulze völlig verwirrt an seinem Schreibtisch und fragt sich, wie das Gespräch so eskalieren konnte. ‚Ich habe doch gesagt, dass es mir leid tut. Dann habe ich ihm die Sachinformation gegeben, dass der zuständige Sachbearbeiter nicht im Haus ist. Und als Lösung habe ich dem Kunden angeboten, er könne Herrn Nasser morgen zwischen acht und zwölf Uhr erreichen! Warum hat das mit den drei Grundsätzen denn jetzt nicht funktioniert? Und was wird der Chef sagen?'

Aktives Zuhören bei Reklamationen

Dem Reklamationsgespräch zwischen Herrn Baumann und Herrn Schulze fehlte ein entscheidendes Element: Herr Schulze hat Herrn Baumann nicht wirklich zugehört. Bei einem aufgebrachten Kunden wie Herrn Baumann reicht es nicht, ein floskelhaftes „Es tut mir leid" einzuschieben. Herr Baumann hatte offensichtlich nicht das Gefühl, dass es Herrn Schulze tatsächlich leid tut, die Reklamation nicht bearbeiten zu können. Schon zu Beginn des Telefonats wurde deutlich, dass Herr Baumann sehr aufgebracht ist: „Das kann doch nicht sein, bei den Preisen, die Sie verlangen!" Aufgebrachte Kunden lassen sich jedoch viel eher beruhigen, wenn sie erst einmal die Gelegenheit erhalten, „Dampf abzulassen".

In dem Moment, als Herr Baumann zum Telefonhörer griff, war er auf einen Angriff eingerichtet. Seine Sprechweise und Wortwahl zeigen dies deutlich. Für Herrn Schulze bedeuten diese Signale: Der Kunde muss eine Gelegenheit erhalten, die aufgestaute Energie freizusetzen und das bereits ausgeschüttete Adrenalin abzubauen. Genau an diesem Punkt setzt das aktive Zuhören an. Aktives Zuhören heißt, dem Kunden durch zustimmende Laute, Nachfragen und Zusammenfassen des bereits Gesagten Interesse zu signalisieren. Indem Sie dem Kunden Gelegenheit geben, Dampf abzulassen, vermeiden Sie die Zuspitzung eines Konfliktes wie in unserem Beispiel. Über ein aktives Zuhören hätte sich das Gespräch zwischen Herrn Baumann und Herrn Schulze anders entwickeln können:

„Kochlöffel Qualitätsküchen, Dieter Schulze, was kann ich für Sie tun?"

„Horst Baumann mein Name. Bei mir wurde heute eine Küche aufgebaut, und jetzt stelle ich fest, dass die Kühlschranktür und die Arbeitsplatte völlig verkratzt sind! Das kann doch nicht sein, bei den Preisen, die Sie verlangen!"

„Da haben Sie natürlich völlig Recht! Kratzer auf einer nagelneuen Küche sind wirklich ärgerlich! Wo sind die Kratzer denn genau?"

Herr Schulze ist zwar nicht für die Bearbeitung von Reklamationen zuständig, kann aber anhand der nun folgenden Information schon einmal den Sachverhalt für seinen Kollegen Herrn Nasser notieren. Gleichzeitig vermittelt er Herrn Baumann das Gefühl, seine Reklamation sei verständlich und würde bereits bearbeitet. Zudem kann Herr Nasser anhand der Notizen sicher besser auf Herrn Baumann eingehen, als wenn er alle Informationen erneut einholen müsste. Durch sein Verständnis bietet Herr Schulze Herrn Baumann keine Angriffsfläche und kann so vermutlich das Abschweifen auf eine persönliche Gesprächsebene vermeiden. Das Gespräch könnte nun so weitergehen:

„Wie gesagt, ein tiefer Kratzer ist auf der Kühlschranktür und einige kleinere auf der Arbeitsplatte. Die Handwerker haben auch die ganze Zeit ihr Werkzeug darauf abgelegt!"

„Sie meinen also, die Kratzer auf der Arbeitsplatte könnten durch das Werkzeug der Handwerker verursacht worden sein?"

Durch sein Nachfragen bestätigt Herr Schulze, dass er Herrn Baumann verstanden hat. Zusätzlich vermeidet er dadurch Missverständnisse:

„Nein, das glaube ich eigentlich nicht. Die Handwerker waren im Großen und Ganzen sehr sorgfältig und haben sogar Decken unter ihre Werkzeugkoffer gelegt, damit die Fliesen nicht beschädigt werden. Möglicherweise ist der Schaden schon bei der Anlieferung entstanden, ich habe die Einzelteile nicht kontrolliert."

„Gut, Herr Baumann, ich habe mir alles notiert. Ich werde Ihr Anliegen sofort an Herrn Nasser weitergeben. Er wird dafür sorgen, dass der Kundendienst noch einmal zu Ihnen kommt und sich um den Schaden kümmert. Herr Nasser ist morgen früh ab acht Uhr im Haus. Könnte er Sie morgen Vormittag telefonisch erreichen?"

„Ich bin morgen geschäftlich unterwegs! Aber gegen elf Uhr bin ich zu erreichen – unter meiner Handynummer."

„Gut, dann wird Herr Nasser Sie morgen um elf Uhr auf Ihrem Handy anrufen und das weitere Vorgehen mit Ihnen abstimmen. Vielen Dank für Ihre Geduld!"

„Danke für Ihre Bemühungen – ich wünsche noch einen schönen Abend!"

Über die Formulierung „Ich werde Ihr Anliegen sofort an Herrn Nasser weitergeben" zeigt Herr Schulze Engagement und die Bemühung, Herrn Baumanns Anliegen rasch zu bearbeiten. Danach erklärt er ihm nicht Herrn Nassers Position – denn die interessiert Herrn Baumann nicht. Für ihn ist wichtig, was Herr Nasser für ihn tun kann: „Er wird dafür sorgen, dass der Kundendienst noch einmal zu Ihnen kommt und sich um den Schaden kümmert." Anschließend weist Herr Schulze nicht wie im ersten Beispiel auf Herrn Nassers Grenzen hin („ ... ist nur zwischen acht und zwölf Uhr erreichbar"), sondern bemüht sich, Herrn Nassers Kapazitäten zugunsten von Herrn Baumann zu nutzen: Er wird sich am Vormittag sofort um den Kunden kümmern. Die Initiative geht dabei vom Kundenbetreuer Herrn Nasser aus: Statt einen Anruf vom Kunden zu verlangen, wird er selbst anrufen. So ein Engagement löst bei Herrn Baumann die Bereitschaft zur Kooperation aus. Er sagt nicht mehr nur: „ ... morgen früh muss ich arbeiten!", sondern bemüht sich, eine Lösung für dieses Problem zu finden.

7.2 Wie vertrete ich die Interessen meines Kunden vor anderen?

Das Beispiel im Abschnitt „Reklamation" zeigt, dass Engagement und Einsatz für die Belange des Kunden die Grundlage für eine positive Beziehung zwischen Kunde und Kundenbetreuer bilden. Nur Unternehmen, die dem Kunden das Gefühl vermitteln, alles für ihn zu tun, können ihre Kunden langfristig binden. Da die meisten Unternehmen sich mittlerweile in ihrem Waren- und Serviceangebot sehr ähneln, bietet eine individuell zuvorkommende Betreuung des Kunden fast die einzige Möglichkeit, sich vom Mitbewerber positiv abzuheben. Eine solche Betreuung erfordert eine hohe Motivation und den persönlichen Einsatz jedes einzelnen Mitarbeiters mit Kundenkontakt. In diesem Zusammenhang bedeutet: „Die Interessen meines Kunden vor anderen vertreten" vor allem eins: Sich mit dem Kunden als eigentlichem Arbeitgeber zu identifizieren und ihn in all seinen Belangen hervorragend zu betreuen.

Nein sagen zu Floskeln und Standardbetreuung
Wenn Sie sich erfolgreich von Mitbewerbern absetzen wollen, müssen Sie dem Kunden mehr bieten als nur das, was allgemein üblich ist. Vor allem sollte der Kunde das Gefühl entwickeln, individuell zuvorkommend bedient zu werden.

Dies ist mit leeren Floskeln niemals zu erreichen. Dabei muss sich eine Standardfloskel inhaltlich nicht einmal von einer individuellen Ansprache unterscheiden. Entscheidend ist, ob der Kunde fühlt, dass Sie wirklich zu dem stehen, was Sie sagen. Selbst eine vorgeschriebene Telefonfloskel wie „Kochlöffel Qualitätsküchen, Dieter Schulze, was kann ich für Sie tun?" kann je nach Tonfall und Aussprache freundlich und interessiert oder aber gelangweilt und auswendig gelernt wirken.

Für einen engagierten Einsatz im Interesse des Kunden sind mehrere Dinge wichtig:

⊃ Identifikation mit dem Kunden und seinem Anliegen

Nur wenn Sie bereit sind, sich in die Situation des Kunden hineinzuversetzen, können Sie sich voll und ganz mit dessen Wünschen identifizieren. Das Anliegen des Kunden wird auf diese Weise zu einer Angelegenheit von persönlichem Interesse.

⊃ Professionelle Freundlichkeit als Ideal

Wer den Umgang mit anderen Menschen nicht schätzt, wird sich in Berufen mit Kundenkontakt sehr unwohl fühlen und dies vermutlich auch ausstrahlen. Für Sie als Mitarbeiter mit Kundenkontakt muss Freundlichkeit zum Berufsbild gehören, das heißt, Sie sollten professionell freundlich sein. Dies bedeutet nicht, den Kunden stumpfsinnig anzugrinsen und allen Wünschen zuzustimmen. Professionelle Freundlichkeit soll vielmehr dazu führen, freundliches Verhalten in den Arbeitsablauf zu integrieren und als dazugehörig zu betrachten. Wenn Sie Freundlichkeit als selbstverständliches Element in Ihre Arbeitsabläufe aufnehmen, werden Sie sich seltener über Ihre Kunden ärgern und können auf diese Weise auch einmal einen „schlechten" Tag überbrücken.

Nein sagen zu Routine und Desinteresse

Mit einer professionellen Einstellung zum Umgang mit Kunden entwickelt sich Ihr Interesse am Kunden. Wenn Sie Ihre Kunden für sich gewinnen wollen, werden Sie keine Routine im Sinne stumpfsinniger Wiederholungen aufkommen lassen. Ein Kundenbetreuer, der jeden Kunden individuell betreut und für jeden einzelnen Kunden immer wieder Einsatz zeigt, wird sicherlich gern ein zweites Mal aufgesucht. Zudem ziehen Interesse und Engagement schnell positive Rückmeldungen nach sich und können daher wichtige Elemente der Selbstmotivation werden.

Nein sagen zu Routine und Desinteresse heißt aber auch, den gleichgültigen Umgang mit Kollegen zu vermeiden. Der Kunde registriert schnell, ob in einem Unternehmen eine angenehme Arbeitsatmosphäre herrscht. Nur, wenn Sie sich unter Ihren Kollegen wohlfühlen und wissen, dass nicht gegeneinander gearbeitet wird, können Sie dem Kunden auf Dauer das Gefühl einer angenehmen Atmosphäre vermitteln.

Freundlich Nein sagen zu Kunden am Telefon

Die gewünschte Person ist nicht erreichbar	„Herr Tepes ist bis 15.00 Uhr auf einem Termin. Kann er Sie anschließend anrufen?"
Der Chef ist beschäftigt und will seine Ruhe haben	„Frau Daum ist bis 14.00 Uhr nicht zu sprechen. Kann ich Ihnen weiterhelfen? Oder möchten Sie eine Nachricht hinterlassen?"
Ein anderer Kunde sitzt gerade vor Ihnen, als das Telefon klingelt.	„Entschuldigung, darf ich kurz das Gespräch führen? Ich bin sofort wieder für Sie da."
Der Chef macht Mittag	„Herr Pelz ist in etwa einer halben Stunde wieder in seinem Büro. Möchten Sie es dann noch einmal versuchen oder kann er Sie zurückrufen?"
Sie müssen weiter verbinden.	„Tut mir leid. Ich bin aus einer anderen Abteilung und kenne mich mit diesen Spezialfragen nicht aus. Wenn Sie sich einen Moment gedulden, stelle ich Sie gern zu meiner Kollegin Frau Maas durch."
Sie können jetzt nicht weiterhelfen.	„Ich weiß, dass das für Sie ärgerlich ist. Ich kann Ihnen aber leider die gewünschten Informationen nicht geben. Wenn Sie mir sagen, wann Sie heute im Laufe des Nachmittags erreichbar sind, werde ich mich jetzt direkt kundig machen und Sie dann zurückrufen."

7.3 Umgang mit Kunden-Persönlichkeiten: Fallbeispiele

Wenn der Kunde stark ausgeprägte G-Züge hat

Mit dem Kunden, der letzte Woche sein Sportrad reklamierte, kam Manfred einfach nicht zurecht. Dabei hatte er sich wirklich bemüht und dem Kunden alles Erdenkliche vorgeschlagen. Aber den Kunden schienen seine Vorschläge in keiner Weise zu interessieren. Er hörte Manfred gar nicht richtig zu, sondern erklärte Manfred lang und breit seine Rechte bei Reklamationen, wobei er sich bestens auszukennen schien. Er beschuldigte Manfred, er wolle ihn über's Ohr hauen und Vorteile für die Firma aus der Reklamation herausschlagen. Da der Kunde sehr gereizt schien und die Schlange hinter ihm immer größer wurde, sagte ihm Manfred schließlich resigniert zu, ein ähnliches Modell als Ersatz mitzugeben. Sehr zu Manfreds Erleichterung willigte der Kunde ein. Für Manfred war der Fall erledigt, obwohl er sich über sich selber ärgerte, so ungeduldig geworden zu sein. Eine Woche später zeigte ihm sein Chef einen Brief, indem sich der Kunde über ihn beschwerte, er habe ihm ein Modell als Ersatz aufgeschwatzt, das seinen Ansprüchen in keiner Weise gerecht werde.

Sagen Sie freundlich Nein zu pedantischen Kunden

⊙ Loben Sie diese Kunden für ihre eifrigen Nachforschungen und ihr Bestreben, sich nach allen Richtungen abzusichern.

⊙ Ermuntern Sie pedantische Kunden dazu, Befürchtungen und Zweifel zu äußern. Fassen Sie diese in eigenen Worten zusammen. Damit bestätigen Sie den Kunden, dass Sie Ihre Befürchtungen ernst genommen haben.

⊙ Unterstreichen Sie zusätzlich durch eine betont offene Körperhaltung, dass Sie als Repräsentant Ihres Unternehmens nichts zu verbergen haben.

⊙ Geben Sie ihm eine übersichtliche Anzahl von Alternativen, zwischen denen er sich entscheiden kann. So bekommt der Kunde das Gefühl vermittelt, zwischen verschiedenen Alternativen entscheiden zu können, ist jedoch in seinen Möglichkeiten auf die von Ihnen angebotenen Lösungen beschränkt.

Wenn der Kunde stark ausgeprägte A-Züge hat

Dieses Mal haben Hans und Manfred ein exklusives Edelbadezimmer zu installieren. Der Kunde, ein ehemaliger Star-Friseur, hört gar nicht auf, von den Vorzügen seiner neuen Villa zu schwärmen. Bald wissen die beiden Monteure über die Kosten und Exklusivität aller Einrichtungsgegenstände Bescheid. Und dann stellt der Kunde auch noch diese Frage: „Der Chef guckt sich dieses tolle Badezimmer doch persönlich an, nicht wahr?" „Ja, ja, wirklich sehr schön, aber der Chef kann sich nun wirklich nicht alle Bäder persönlich anschauen." „Ach was. Mit Ihrem Chef habe ich mich sehr gut verstanden. Außerdem, bei den guten Kunden, die ich ihm noch beschaffen kann, ist ihm das wohl doch einen kleinen Besuch wert?" „Ja, er wird es sicher machen", sagt Manni zu, um endlich seine Ruhe zu haben. Er weiß genau, dass das nicht stimmt. Ein schlechtes Gewissen hat er im Nachhinein schon: Schließlich hat der Kunde wirklich gute Beziehungen. Und wenn er enttäuscht wird ...?

Sagen Sie freundlich Nein zu Kunden, die angeben

⊙ Demonstrieren Sie dem Kunden, dass Sie ihm zuhören. Das schmeichelt ihm. Lassen Sie ihm die Freude, von sich zu erzählen. Diese Menschen brauchen die Bewunderung. Wenn Sie dabei weiterarbeiten möchten, werfen Sie ihm zwischendurch immer wieder einen Blick zu und nicken Sie, das reicht als Aufmerksamkeit oft schon.

⊙ Machen Sie sich immer bewusst, dass dieser Mensch Ihr Kunde ist. Sie sind im Namen Ihrer Firma dafür verantwortlich, seinen Bedürfnissen, so weit es geht, Rechnung zu tragen.

⊙ Wenn Sie nicht wissen, wie weit Sie den Forderungen dieses Kunden nachkommen können, halten Sie an oberer Stelle Rücksprache. Selbst wenn Sie seine Bitte jetzt ablehnen, sieht der Kunde, wie sehr Sie sich für seine Belange eingesetzt haben.

Wenn der Kunde stark ausgeprägte E-Züge hat

„Also so habe ich mir das Ganze aber nicht vorgestellt." „Geht aber nun einmal nicht mehr anders, Frau Arnold. Das haben Sie nun einmal so bestellt, und es kann nicht mehr geändert werden." „Aber so gefällt mir die Farbe des Schranks überhaupt nicht. Ich will die heller haben." „Hätten Sie

sich das nicht früher überlegen können? Jetzt ist der Schrank schon an der Wand fest gemacht." „Wie können Sie nur so mit mir sprechen? Sie nehmen anscheinend gar nicht ernst, was ich hier sage. Diese Farbe erinnert mich einfach an den Sarg meiner Mutter. Die Beerdigung ist erst zwei Jahre her."
„Aha. Aber wie ich bereits beim letzten Mal gesagt habe: Der Hersteller baut die Schränke nur in diesen zwei Schattierungen. Außerdem warten jetzt noch zwei weitere Kunden, ich muss gleich los." „Ja, und was soll ich denn jetzt machen? Das ist doch alles ganz furchtbar." „Tut mir wirklich leid. Das ist jetzt wirklich nicht mehr mein Problem. Rufen Sie mal in der Hauptverwaltung an. Die sollten sich darum kümmern. Auf Wiedersehen."

Freundlich Nein sagen zu Kunden, die empfindlich reagieren

⊙ Versuchen Sie nicht direkt mit empfindlichen Kunden über die Fakten zu diskutieren. Sie sind oft so emotional aufgebracht, dass sie für Sachargumente nicht mehr zugänglich sind.

⊙ Vermeiden Sie unbedingt Killerphrasen in jeder Form. Wo andere Kunde vielleicht noch mit einem Spaß oder einer entsprechenden Antwort reagieren, fühlen sich empfindliche Menschen persönlich angegriffen.

⊙ Werden emotionale Themen angeschnitten, gehen Sie darauf kurz ein. Merkt der Kunde, dass Sie sich für ihn interessieren und die Beziehungsebene stimmt, werden Absagen leichter verkraftet.

⊙ Schlagen Sie eine Alternative vor. Seien Sie in dieser Beziehung stets kreativ. Der Mann vom Kundendienst hätte kurz selbst in der Hauptverwaltung anrufen können.

8 Umgang mit dem Kollegen

Haben Sie sich einmal überlegt, wie viel von Ihrer Zeit Sie an Ihrem Arbeitsplatz verbringen? Die Arbeitszeiten sind je nach Arbeitsstelle verschieden, ein ungefährer Wert liegt jedoch bei 1.750 Stunden im Jahr. Dadurch verbringen Sie einen großen Teil der Ihnen zur Verfügung stehenden Zeit mit Ihren Kollegen. Solange Sie sich untereinander verstehen, kann dies Ihre Einstellung zur Arbeit positiv beeinflussen. Was aber geschieht, wenn es zu Spannungen zwischen den Kollegen kommt?

8.1 Wie sage ich freundlich Nein zum Kollegen?

Ingo und Martina arbeiten für die gleiche Firma. Ihre Büros befinden sich fast nebeneinander. Da die Arbeitsbereiche teilweise ineinander greifen, müssen sie des Öfteren aktuelle Informationen austauschen. Dies geschieht entweder per Telefon oder durch eine kurze Besprechung. Ingo bevorzugt die Kommunikation über das Telefon. Auf diese Weise kann er möglichst schnell und effektiv alle nötigen Informationen abfragen und gegebenenfalls weitere Schritte einleiten. Martina findet das Telefon zwar praktisch, aber unpersönlich. Sie geht lieber in das Büro ihres Kollegen. Ihrer Meinung nach ist es höflicher, direkt mit einer Person zu sprechen, wenn dies möglich ist. Ihr Kollege Ingo zu Beispiel nennt am Telefon nur kurz seinen Namen und hakt dann schnell alle offenen Fragen ab. Dass er sich für die erhaltenen Informationen bedankt, kann Martina nur erahnen, da Ingo währenddessen bereits den Hörer zur Gabel führt. Diese Art der Telefonabfrage empfindet Martina als sehr unfreundlich.
Ingo dagegen fallen Martinas häufige Besuche in seinem Büro unangenehm auf. Er fühlt sich gestört und fragt sich, warum die Kollegin nicht das Telefon benutzt. Schließlich lässt sich so viel schneller und effektiver arbeiten. Mit der Zeit reagieren beide auf das Verhalten des anderen immer gereizter. Gespräche versuchen sie möglichst zu vermeiden oder zumindest hinauszuschieben. Unter dem mangelnden Austausch an aktuellen Informationen leidet auch die Qualität ihrer Arbeit.

Wenn die Atmosphäre nicht stimmt

Differenzen zwischen Kollegen stören die Atmosphäre am Arbeitsplatz erheblich. Unausgesprochene Konflikte können dazu führen, dass Sie sich gedanklich mehr mit den untereinander herrschenden Spannungen als mit Ihrer Arbeit befassen. Durch mangelnde Konzentration schleichen sich schnell Fehler in die Arbeit ein. Fehlende Kommunikation kann den Austausch wichtiger Informationen beeinträchtigen und zu einer Verschlechterung der Arbeitsleistung führen. Die schlechte Atmosphäre am Arbeitsplatz nimmt die Freude an der Arbeit und beeinflusst die Arbeitsmotivation negativ.

Solchen Konflikten kann entgegengewirkt werden. Auch der, der negativer Atmosphäre am Arbeitsplatz ein Nein entgegensetzt, kann dies freundlich tun.

⊃ Bedenken Sie die Situation des anderen

Wenn Sie sich über das Verhalten eines Kollegen ärgern, sollten Sie sich zunächst einmal fragen, was der Grund für dieses Verhalten sein könnte. Nur sehr wenige Menschen sorgen bewusst für eine schlechte Stimmung am Arbeitsplatz. Auch Ingo und Martina wollten im Grunde die eigene Arbeit positiv gestalten. Was die beiden unterscheidet, ist ihre Einstellung zur Kommunikation am Arbeitsplatz. Während Ingos Schwerpunkt auf der schnellen und effektiven Beschaffung von Informationen liegt, sieht Martina die Möglichkeit, das Einholen von Informationen mit der Förderung sozialer Kontakte zu verknüpfen.

Möglicherweise hat auch der Kollege, über den Sie sich ärgern, andere Einstellungen oder ein anderes Weltbild als Sie. Andere Gründe für „unfreundliches" Verhalten können beruflich bedingt sein. Vielleicht weiß der Kollege gerade kaum noch, wie er die anstehenden Arbeiten bewältigen soll und hofft, dass Sie dies registrieren und ihm helfen? Und die kurz angebundene Kollegin findet Sie eigentlich sehr sympathisch, hat jedoch gerade erfahren, dass ihre Mutter ein Pflegefall werden wird.

Scheinbar unfreundliches Verhalten kann viele Gründe haben. Wer versucht, sich in den Kollegen hineinzuversetzen, wird schnell feststellen, dass die scheinbare Unfreundlichkeit nicht unbedingt ihm selbst gilt.

⊃ Sprechen Sie den Konflikt an

Konflikte, wie sie im Beispiel von Ingo und Martina beschrieben wurden, können nur gelöst werden, indem man sie anspricht. Sowohl Ingo als auch Martina halten sich selbst für freundlich und empfinden das Verhalten des anderen als unfreundlich. Die einzige Möglichkeit, diesen Konflikt zu beenden, ist das Verhalten zu thematisieren. Dies sieht im Falle von Ingo so aus:

„Wenn du zwischendurch einfach in mein Büro kommst, werde ich bei meiner Arbeit unterbrochen und kann mich anschließend nur schwer wieder konzentrieren. Gibt es einen Grund, weshalb du nicht das Telefon benutzt?"

Auf diese Weise erklärt Ingo, warum er sich durch Martinas Verhalten gestört fühlt. Er zeigt aber auch, dass er an Martinas Ansicht interessiert ist, ohne ihr dabei etwas zu unterstellen. Martina antwortet nun: „Ich benutze das Telefon nicht gern, weil ich es unfreundlich finde, einen Menschen, den man auch persönlich aufsuchen könnte, anzurufen. Wenn ich den ganzen Tag vor meinem Bildschirm sitze, finde ich es schön, zwischendurch auch einmal ein Gesicht zu sehen. Dass ich dich bei der Arbeit störe, tut mir leid. Für mich macht es keinen Unterschied, ob mich das Telefon unterbricht oder ein Besucher."

Ingo kann jetzt feststellen, dass es nicht in Martinas Absicht lag, ihn zu verärgern. Martina hat lediglich eine andere Einstellung zur Benutzung des Telefons und wünscht sich persönlichen Kontakt als Ausgleich zum Bildschirmarbeitsplatz.

Durch den Austausch über ihre Situation haben Ingo und Martina nun die Grundlage für eine Lösung des Konfliktes geschaffen.

⊃ Finden Sie eine Lösung

Das neu erworbene Wissen über die Situation des anderen kann als Ausgangspunkt zur Lösung des Konfliktes dienen. Dabei sollten die Interessen beider Parteien berücksichtigt werden. Ingos Interesse lautet: ‚Ich will effektiv arbeiten und nicht durch Besuche in meiner Konzentration beeinträchtigt werden.‘ Dagegen steht Martinas Interesse: ‚Ich möchte auch mit Menschen Kontakt haben und nicht nur durch das Telefon mit ihnen sprechen.‘ Ingo und Martina haben ihr Problem wie folgt gelöst:

Ingo bemüht sich, das Gespräch nicht mehr vor Beendigung des letzten Wortes zu beenden. Martina versucht, das Telefon als Mittel zur schnellen Kontaktaufnahme zu nutzen.

Kurze Informationen geben die beiden über das Telefon weiter. Handelt es sich aufgrund eines komplizierteren Sachverhaltes um längere Gespräche, treffen sie sich in einem der Büros. Der Zeitpunkt des Treffens wird vorher telefonisch vereinbart, damit jeder seinen Arbeitsablauf entsprechend planen kann. Zudem verabreden sie sich gelegentlich in der Kantine zur Mittagspause, um sich ohne besonderen Anlass zu unterhalten.

Nicht immer findet sich eine passende Lösung. Mitunter muss auf einen Kompromiss zurückgegriffen werden. Wer jedoch einen Konflikt gar nicht erst anspricht, riskiert mit der Zeit eine Verschärfung der Situation. Wer Nein sagt zu einer schlechten Atmosphäre und unausgesprochenen Konflikten, setzt sich damit für den Aufbau einer funktionierenden Kommunikationsstruktur ein.

Wenn der Kollege sich nicht professionell verhält

Unprofessionelles Verhalten eines Mitarbeiters kann dessen Kollegen in eine schwierige Zwickmühle bringen. Die meisten möchten sich ungern in der Rolle des „Chef-Stellvertreters" mit dem erhobenen Zeigefinger sehen, um einen guten Kontakt zum Kollegen zu wahren. Eine direkte Beschwerde beim Vorgesetzten kann wiederum den guten Kontakt zum Kollegen endgültig zerstören. Zudem gilt häufig immer noch der Ehrenkodex aus Schulzeiten: Nicht „petzen", sondern das Problem ohne Einbeziehung einer höheren Instanz lösen.

Andererseits behindert ein Mitarbeiter, der sich unprofessionell verhält, nicht nur die Arbeit seiner Kollegen, sondern langfristig auch den Erfolg eines Unternehmens. Neigt er zum Beispiel dazu, Kunden mit der Phrase: „Dafür bin ich nicht zuständig", abzuwimmeln, müssen anstatt ihm die Kollegen diesen Kunden bedienen. Vielleicht verliert das Unternehmen diesen Kunden sogar. Noch unangenehmer für die Kollegen wird es, wenn sich der verärgerte Kunde direkt an höherer Stelle über die rüde Behandlung in der Abteilung beschwert. Schnell erhält so eine ganze Abteilung den Ruf, unfreundlich zu sein. Eine daraus resultierende Rüge des Vorgesetzten kann dann auch die Kollegen einbeziehen.

Auch ein unmotivierter Mitarbeiter verärgert durch sein Verhalten häufig die Kollegen. Mangelndes Interesse an einer Tätigkeit kann sich schnell auf die Arbeit auswirken. Wichtige Aufgaben werden im Schneckentempo erledigt, private Unterhaltungen mit dem Kollegen nehmen immer mehr Zeit in Anspruch, und Ablenkungen werden geradezu freudig begrüßt. Als Folge davon sehen sich unter Termindruck stehende Kollegen gezwungen, die Arbeit des unmotivierten Mitarbeiters zu übernehmen.

Unzuverlässige Mitarbeiter dagegen haben ihre Arbeit oft schlecht organisiert. Sie vergessen mitunter wichtige Termine oder halten Absprachen nicht ein. Pünktlichkeit ist für sie ein Fremdwort. Die Kollegen können sich nie darauf verlassen, dass der unzuverlässige Mitarbeiter seine Arbeit auch tatsächlich rechtzeitig erledigt. Häufig müssen die Kollegen aushelfen, so dass ihre eigene Terminplanung dabei durcheinander gerät.

Besonders problematisch sind Mitarbeiter, die über ihre Kompetenzen hinaus handeln. Sie geben nur ungern zu, etwas nicht zu wissen. Fehlende Fachkenntnisse ersetzen sie durch Vermutungen und falsche Versprechungen. Auf diese Weise befriedigen sie kurzfristig die Wünsche von Kunden, provozieren jedoch eine später erfolgende Reklamation. Die mit dem Thema vertrauteren Kollegen sehen sich schließlich in der undankbaren Position, dem Kunden erklären zu müssen, warum seine Wünsche nicht erfüllt werden können.

Die Frage ist nun, wie Kollegen für unprofessionelles Verhalten eine Lösung finden können, ohne den guten Kontakt zum betreffenden Mitarbeiter zu verlieren. Oder anders ausgedrückt: Wie sage ich freundlich Nein zu unprofessionellem Verhalten?

Freundlich Nein sagen zu unprofessionellem Verhalten

Frau Engst und Herr Klar arbeiten als Kundenbetreuer im Großraumbüro einer Versicherung. Ist einer von beiden nicht an seinem Platz oder im Urlaub, übernehmen sie gegenseitig die Vertretung füreinander. In den Osterferien war Herr Klar mit seiner Familie zwei Wochen auf Kreta. An seinem ersten Arbeitstag nach dem Urlaub nimmt er den Anruf eines Kunden entgegen. Dieser erkundigt sich als erstes, wie es ihm denn in den zwei Wochen Urlaub auf Kreta gefallen habe. Gerade wenn man Kinder habe wie Herr Klar, solle es auf den griechischen Inseln ja sehr schön sein. Herr Klar ist irritiert. Einerseits freut er sich über die nette Nachfrage des Kunden. Andererseits fragt er sich, was Frau Engst dem Kunden sonst noch so erzählt hat. Einen Monat später muss sich Herr Klar erneut einen Tag frei nehmen. Seiner an Alzheimer erkrankten Mutter geht es sehr schlecht, so dass das Pflegeheim sicherheitshalber die Familie benachrichtigt hat. Einige Tage danach telefoniert er mit einer Kundin, die eine neue Versicherungskarte benötigt. Als Herr Klar sich am Ende des Gespräches verabschieden will, fragt ihn die Kundin mitfühlend, ob es seiner Mutter denn wieder besser ginge. Ein Onkel von ihr habe auch Alzheimer und lebe ebenfalls im Pflegeheim. Nach diesem Gespräch ist Herr Klar über die Indiskretion von Frau Engst mehr als verärgert. Wie kommt sie dazu, den Kunden Details aus seinem Privatleben zu erzählen? Herr Klar fragt sich, wie er auf das Verhalten von Frau Engst reagieren soll. Bisher hat er sich immer gut mit ihr verstanden, und er würde diesen angenehmen Kontakt gerne aufrechterhalten.

Herr Klar ärgert sich zu Recht über Frau Engst. Eine derartig detaillierte Erklärung für das Fehlen eines Kollegen mag zwar das Mitgefühl des Kunden wecken, greift aber gleichzeitig in die Privatsphäre des Kollegen ein. Für den Kunden ist in erster Linie die Lösung seines fachlichen Problems wichtig. Das Privatleben seines Kundenbetreuers interessiert ihn nur am Rande und geht ihn im Grunde auch nichts an.

⮑ Handeln Sie nicht im Affekt

Obwohl Herr Klar verärgert ist, möchte er dennoch den guten Kontakt zu Frau Engst aufrechterhalten. Daraus ergibt sich ein erster Schritt zur Problemlösung: Bevor er Frau Engst zur Rede stellt, muss Herr Klar von der emotionalen Ebene auf eine Sachebene finden. Tut er dies nicht, besteht die Gefahr eines von Emotionen wie Ärger, Wut oder Enttäuschung belasteten Streitgesprächs.

⮑ Betrachten Sie die Situation

Herr Klar ärgert sich, weil durch das Verhalten von Frau Engst nun einige Kunden Details aus seinem Privatleben kennen. Sein Ärger ist verständlich. Im Moment jedoch ist ihm aus dem Wissen der Kunden kein konkreter Nachteil entstanden. Das heißt, die Situation ist zwar ärgerlich, aber nicht bedrohlich.

Frau Engst ist zudem eine sehr zuverlässige, freundliche Kollegin. Sie wollte Herrn Klar sicherlich nicht bewusst verärgern. Vielleicht hat sie sogar versucht, beim Kunden Verständnis für das Fehlen von Herrn Klar zu wecken. Gleichzeitig hat sie damit einen Konflikt zwischen ihr selbst und dem Kunden vermieden.

Für eine sachliche Analyse ist es wichtig zu wissen, dass wir in zwischenmenschlichen Beziehungen Unterschiede sehr viel deutlicher wahrnehmen als Gemeinsamkeiten. Wir stören uns schnell an einigen „fremdartigen" Eigenschaften unseres Gegenübers und erkennen dabei nicht, dass er gleichzeitig über viele Eigenschaften verfügt, die wir ebenfalls besitzen. Eine sachliche Betrachtungsweise der Konfliktsituation ist nötig, um Gefühlsausbrüche zu vermeiden. Diese können unter Umständen zu einem heftigen Streitgespräch führen, welches den Konflikt verschlimmert, statt ihn zu entschärfen.

➲ Bedenken Sie die Position des anderen

Angenommen, Sie hätten einen Fehler begangen: Wie möchten Sie darauf angesprochen werden? Kritik kann nur dann positiv empfunden werden, wenn sie einen Menschen nicht persönlich angreift. Wenn Sie kritisieren, sollten Sie dies sachlich tun und sich vor allem auf die konkrete Problemsituation beziehen. Sätze wie „Das ist Ihnen ja mal wieder völlig danebengegangen!" zielen auf die Persönlichkeit eines Menschen, nicht auf einen Sachzusammenhang. Versuchen Sie sich in die Situation des Kritisierten hineinzuversetzen, bevor Sie „Dampf ablassen".

Herr Klar kommt zu dem Schluss, dass Frau Engst möglicherweise so gehandelt hat, um bei den Kunden Verständnis für sein Fehlen zu wecken. Vielleicht war sie aber auch durch das Auftreten der Kunden eingeschüchtert und konnte dieses Problem nur lösen, indem sie auf Herrn Klar verwies. Auf keinen Fall sollte er Frau Engst Vorwürfe machen und ihr Verhalten auch nicht in ihrer Gegenwart interpretieren. Sinnvoller ist es, Frau Engst ruhig und sachlich zu verdeutlichen, dass ihr Verhalten ihn stört. Anschließend können beide gemeinsam nach einer Lösung suchen.

➲ Sprechen Sie das Problem an

Nachdem der Sachaspekt des Problems herausgestellt wurde und Herr Klar sich in die Position von Frau Engst hineinversetzt hat, kann er seine Kollegin ansprechen. Dies sollte in einer ruhigen, einigermaßen störungsfreien Umgebung geschehen. Da sich beide gegenseitig am Platz vertreten müssen, könnte ihr Gespräch vielleicht zu einer Tageszeit stattfinden, in der eher wenige Anrufe eingehen. Unter Umständen könnte auch ein dritter Kollege für kurze Zeit das Telefon übernehmen. Sinnvoll wäre es auch, Frau Engst nicht einfach zu „überrumpeln", sondern vorher einen Termin für das Gespräch zu vereinbaren. Dadurch kann Frau Engst das Gespräch in ihren Arbeitsablauf einplanen und steht nicht unter Zeitdruck.

Nun kann Herr Klar ansprechen, was ihn stört. Den Sachverhalt könnte er wie folgt schildern: „Ich habe mehrfach mit Kunden telefoniert, die mich auf sehr persönliche Dinge angesprochen haben wie meinen Urlaubsort oder den Gesundheitszustand meiner Mutter. Ich bin etwas irritiert, woher sie diese Informationen haben. Könnte es sein, dass Sie während meiner Vertretung darüber gesprochen haben?"

Bevor Herr Klar Frau Engst kritisiert, klärt er zunächst, ob sie wirklich Informationen weitergegeben hat. Möglicherweise wurde sie ebenfalls vertreten. Auf diese Weise vermeidet er, dass seine Kritik die falsche Person trifft. Frau Engst bestätigt jedoch, die Anrufe entgegengenommen zu haben. Daraufhin macht er seine Position deutlich und bezieht sich dabei immer auf sich selbst: „Mich stört ...", statt: „Du hast ..."

„Ich fühle mich sehr unwohl, wenn Kunden solche Details aus meinem Privatleben kennen. Meine Arbeit und mein Privatleben sind für mich zwei verschiedene Dinge, auch wenn ich zu einigen Kunden einen guten Kontakt habe. Deshalb ist es mir lieber, wenn die Kunden den genauen Grund meiner Abwesenheit nicht erfahren. Wie sehen Sie das?"

Herr Klar gibt Frau Engst Gelegenheit, auch ihren eigenen Standpunkt offen zu legen und ihr Handeln zu begründen. Frau Engst erwidert:

„Ich kann Ihren Standpunkt durchaus verstehen. Es tut mir leid, den Kunden diese Information gegeben zu haben. Die Kunden, von denen Sie sprechen, haben anscheinend einen sehr starken Bezug zu Ihnen. Sie haben sich nämlich geweigert, sich von mir helfen zu lassen, und wollten nur mit Ihnen sprechen. Ich habe gehofft, wenn ich erkläre, warum Sie nicht da sind, sehen sie ein, dass ich die richtige Ansprechpartnerin bin."

⊃ Finden Sie Gemeinsamkeiten

Herr Klar möchte eine gute Beziehung zu seinen Kunden, ohne dass diese sein Privatleben kennen. Frau Engst möchte als kompetente Vertretung von Herrn Klar akzeptiert werden. Beide sind an einer positiven Beziehung zum Kollegen interessiert und legen großen Wert auf einen guten Kontakt zu Kunden. Diese Gemeinsamkeiten bilden die Grundlage für ihren Lösungsansatz.

⊃ Sammeln Sie Lösungsmöglichkeiten

Bevor Herr Klar und Frau Engst eine feste Vereinbarung treffen, versuchen sie zunächst einmal verschiedene Lösungen zu entwerfen. Wichtig ist dabei, zunächst keinen Vorschlag zu bewerten, sondern – im Sinne eines Brainstormings – lediglich Ideen zu sammeln. Erst wenn das Brainstorming abgeschlossen ist, können alle Vorschläge geordnet und bewertet werden. Herr Klar und Frau Engst finden folgende Lösungsmöglichkeiten:

1) Ein anderer Mitarbeiter übernimmt die Vertretung von Herrn Klar.
2) Herr Klar informiert die Kunden, dass Frau Engst ihn vertritt.
3) Frau Engst erklärt den Kunden, dass sie Herrn Klar vertritt.
4) Wenn ein Kunde nur Herrn Klar sprechen möchte, teilt Frau Engst ihm mit, ab wann dieser zu erreichen ist.

Eine feste Lösung vereinbaren

Herr Klar und Frau Engst wägen alle Möglichkeiten ab. Möglichkeit 1) lehnen sie ab, da dies die Kompetenzen von Frau Engst beschneidet und zudem keine Lösung des eigentlichen Problems darstellt. Die Möglichkeiten 2), 3) und 4) sagen beiden zu. Sie vereinbaren folgendes Vorgehen:

Ab sofort wird Herr Klar seine Kunden darauf hinweisen, dass die Kundenberaterin Frau Engst sie betreut, wenn er nicht zu sprechen ist. Den Titel „Kundenberaterin" verwendet er, um Missverständnissen bezüglich der Kompetenz von Frau Engst vorzubeugen. Frau Engst erklärt den Kunden von Herrn Klar, dass sie ihn vertritt. Fragt ein Kunde weiter beharrlich nach Herrn Klar, erklärt sie noch einmal, dass sie Kundenbetreuerin ist und Herrn Klar vertritt. Dieser sei zur Zeit leider nicht im Haus, sie würde jedoch gern weiterhelfen. Besteht ein Kunde darauf, von Herrn Klar bedient zu werden, nennt Frau Engst ihm den Termin, zu dem Herr Klar wieder erreichbar ist. Zusätzlich macht sie sich klar, dass dieser Kunde nicht gegen sie persönlich eingenommen ist, sondern lediglich gern von Herrn Klar betreut wird.

Gerade bei Konflikten unter Kollegen ist es wichtig, einen klaren Standpunkt zu beziehen und konkrete Lösungen zu vereinbaren. Nur so wird ein Nein konstruktiv.

8.2 Wie vertrete ich die Interessen meiner Kollegen?

Für das Team mitdenken

Einzelkämpfer sind out, Teamarbeiter sind in. Auch wenn sich dieser Satz etwas plakativ anhört, ohne Solidarität geht es heute kaum noch. Im Team ist jeder Einzelne gefordert, an einer guten Zusammenarbeit und dem Teamgeist konstruktiv mitzuwirken. Dazu gehört nicht nur ein freundlicher Umgangston, sondern das Gefühl der eigenen Verantwortung für das Teamgeschehen. Gerade in größeren Unternehmen kommt es leider immer vor, dass sich einzelne Mitarbeiter für unersetzlich oder für besser als die anderen halten. Informationen werden zurückgehalten, schwächere Kollegen nicht gefördert oder es wird nur an den eigenen Erfolg gedacht. Sollten Sie solche Tendenzen bei Ihren Kollegen oder sogar bei sich selbst entdecken, steuern Sie bewusst dagegen an. Sie handeln damit sowohl im Interesse der einzelnen Kollegen als auch im Interesse des ganzen Unternehmens.

Für Kollegen mitdenken

Stellen Sie sich vor, Ihre Kollegin ist im Urlaub und Sie wissen, dass sie kurz nach ihrem Urlaub eine wichtige Messe zu organisieren hat. Bereits in der ersten Woche sehen Sie, wie sich das Aufgabenkörbchen der Kollegin bedenklich füllt. Nehmen Sie sich in solchen Situationen in die Pflicht, für die Kollegin zu sprechen, denn Sie können sich denken, dass sie von diesem Arbeitspensum direkt nach dem Urlaub völlig überfordert sein wird. Vertreten Sie diese Ansicht vor dem Vorgesetzten oder den anderen Kollegen. Wenn es Ihnen möglich ist, übernehmen Sie Teile ihrer Arbeit. Die Kollegin wird Ihnen nicht nur sehr dankbar dafür sein, Sie haben mit Ihrem Verhalten auch einiges für die Förderung der guten Beziehungen untereinander getan.

Nein Sagen zur Ausgrenzung von Kollegen

Es kommt immer wieder vor, dass besonders dominante Kollegen oder sogar eine ganze Arbeitsgruppe schwächere oder neue Mitglieder ausgrenzt. Was in Extremform als Mobbing endet, beginnt am Anfang meist schleichend und kaum spürbar. Sollten Sie in Ihrem Team oder Abteilung irgendeine Form von Ausgrenzung eines Kollegen merken, nehmen Sie sich selbst in die Pflicht, das Verhalten zu unterbinden und den Kollegen in Schutz zu nehmen.

Sobald Sie die entsprechenden Kollegen direkt auf ihr ausgrenzendes Verhalten ansprechen, erreichen Sie nichts, weil alle Ihre Vorwürfe leugnen würden. Statt dessen gehen Sie unauffälliger vor, wenn Sie konstruktiv für die Umgangsformen in Ihrer Arbeitsgruppe sorgen. Zum Beispiel indem Sie gemeinsam verbindliche Regeln der Zusammenarbeit aufstellen und Konsequenzen ausmachen, für den Fall, dass den Regeln nicht entsprochen wird.

So lösen Sie Konflikte

⊙ Handeln Sie nie im Affekt.
⊙ Sprechen Sie das Problem möglichst bald an.
⊙ Formulieren Sie das Problem präzise.
⊙ Hören Sie sich die Sichtweise des andern an.
⊙ Stellen Sie gegensätzliche Standpunkte gegenüber.
⊙ Suchen Sie nach Gemeinsamkeiten.
⊙ Sammeln Sie gemeinsam Lösungsmöglichkeiten.
⊙ Vereinbaren Sie verbindliche Lösungen oder Kompromisse.

8.3 Umgang mit Kollegen-Persönlichkeiten: Fallbeispiele

Wenn der Kollege stark ausgeprägte A-Züge hat

Am Montag im Büro: Irmgard begrüßt die hereinkommende Sabine: „Na, wie war denn das Essen mit Fabian? Hattet ihr einen netten Abend? Sag mal, der müsste doch eigentlich langsam mal befördert werden, hat er dir nichts erzählt?" Eigentlich hat Sabine überhaupt keine Lust über ihre Verabredung zu sprechen. Sie ärgert sich schon darüber, dass sie Irmgard überhaupt von dem Essen erzählt hat. Wie soll sie jetzt reagieren? Sie hat Fabian gegenüber Stillschweigen versprochen und nun schneidet Irmgard auch noch ausgerechnet dieses Thema an. Sabine ist eine schlechte Lügnerin und Irmgard ist neugierig. „Wir hatten einen netten Abend. Aber mit der Beförderung, dazu kann ich auch nichts sagen." Irmgard drängt: „Ach komm, Fabian hat dir bestimmt davon erzählt. So ein Geheimnis kann das ja gar nicht sein. Das weiß doch eh' bald jeder." Sabine wird rot: „Das soll ja noch nicht die Runde machen ...", hebt sie an. Irmgard reagiert erfreut: „Wusste ich es doch! Er bekommt die neue Position". Sabine etwas erschro-

cken: „*Behalte das bitte für dich, Fabian will nicht, dass das jetzt schon bekannt wird. Es ist ja noch inoffiziell.*
Am Abend erhält sie von Fabian einen Anruf: „Sag mal, kannst du dich denn an keine Abmachung halten? Das sollte doch unter uns bleiben. Die halbe Abteilung hat mich bereits auf meine neue Position angesprochen.“

Sagen Sie freundlich Nein zu redseligen Kollegen

⊙   Zeigen Sie Freude, dass der andere sich für sie interessiert. Unterstellen Sie immer nur die besten Absichten, damit er nicht auf den Gedanken kommt, Sie würden ihm misstrauen.

⊙   Stellen Sie Sachargumente in den Vordergrund. Ein Nein wird weniger als persönliche Zurückweisung aufgefasst, wenn der Grund für das Nein in der Sache, nicht in der Person des anderen begründet liegt.

⊙   Zeigen Sie solchen Kollegen auf, wie schlecht Sie sich fühlen würden, wenn Sie eine Abmachung brächen. Lassen Sie den anderen sich in Ihre Situation hineinversetzten. Wer möchte schon gern vertrauliche Informationen weitergeben?

Wenn der Kollege stark ausgeprägte G-Züge hat

„Hallo Klaus. Ich sammle Geld für den geplanten Betriebsausflug. Und zwar hat sich die Projektgruppe ausgedacht, dass wir zum Schluss noch eine kleine Party mit allen Kollegen machen. Möchtest du dich mit einer kleinen Spende an der Aktion beteiligen?“
„Was? Nein. Keine Zeit jetzt. Weiß auch gar nicht, ob ich komme. Was soll denn dieses lächerliche Gemeinschaftsgetue?“ „Bist du im Stress oder habe ich dich bei was Wichtigem gestört?“ „Ja, du hast mich aus meinem Gedankengang gerissen, jetzt ist er weg – nur wegen eures Teamwahns.“ „Oh, das tut mir leid. Ich hätte wissen müssen, dass du dich mal wieder so in deine Arbeit reingekniet hast. Der letzte Bericht war klasse. Gönn' dir doch den Betriebsausflug. Der macht bestimmt Spaß und wird uns allen gut tun. Ich persönlich würde mich sehr freuen, mit dir mal wieder ein Bierchen zu trinken.“ „So, so, du meinst also, ich soll mal an was anderes denken. Na gut, das mit dem Ausflug überleg ich mir noch mal.“

Sagen Sie freundlich Nein zu unfreundlichen Kollegen

⊙ Die beste Möglichkeit auf die Unfreundlichkeit eines Kollegen zu reagieren ist, die Unfreundlichkeit geflissentlich zu ignorieren. Geben Sie sich nicht die Blöße und greifen Ihren unfreundlichen Kollegen an, indem Sie sich sein Verhalten in aller Deutlichkeit verbitten. Diese Reaktionen ist er bereits gewohnt und wird zu kontern wissen.

⊙ Tun Sie einfach so, als ob Sie aus seiner unfreundlichen Bemerkung etwas Positives herausgehört haben und antworten entsprechend. Diese Reaktion wird ihn verblüffen und vielleicht zum Umdenken bewegen.

⊙ Machen Sie ihm deutlich, wie sehr Sie bestimmte Verhaltensweisen an ihm schätzen. Achten Sie aber auf jeden Fall darauf, dass Ihre Aussage ehrlich gemeint beim Kollegen ankommt und keinen ironischen Unterton beinhaltet.

Wenn der Kollege stark ausgeprägte A-Züge hat

„Knut!", rutscht es aus Sonja hinaus, "Jetzt langt es mir aber. Was du mit deiner Hälfte des Schreibtisches machst, kann mir ja egal sein, aber das hier ist meine Seite!" Knut reagiert verdutzt: „Jetzt sei doch nicht so. Du brauchst für deine Arbeit doch kaum Ablagefläche. Ich habe hier halt den kreativen Part und muss mich ausbreiten. Komm, nur noch diese Ecke, bitte!" Sonja zögert: „Du, eigentlich habe ich auch ab und zu mal Akten, die ich ablegen muss." „Hey, nur diese eine Ecke, das ist auch das letzte Mal, ehrlich." „Also, ich weiß nicht ..." Knut setzt nochmal an: „Du bekommst auch eine Tasse Kaffe von mir spendiert." Sonja seufzt „Mensch, du mit deinem Hundeblick." „Heißt das ja? Vielen Dank, Sonja. Warte, ich rück mal deinen Ordner ein bisschen zur Seite, dann kann ich meine Unterlagen ablegen."

Sagen Sie freundlich Nein zu chaotischen Kollegen

⊙ Loben Sie chaotische Kollegen immer dann, wenn sie etwas gut organisiert oder strukturiert haben.

⊙ Gehen Sie selbst mit gutem Beispiel voran und reden Sie in solchen Situationen halblaut vor sich hin, welche Vorteile Ordnung mit sich bringt. Der andere kann diese indirekten Tipps direkt umsetzen ohne das Gesicht zu verlieren.

⊙ Bieten Sie ihm Unterstützung an, den Arbeitsplatz zu sortieren oder machen Sie eine allgemeine Einführung in die Büroordnung. Chaotische Menschen verstecken sich gern hinter dem Begriff „Kreativität", weil sie ihre Defizite nicht zugeben möchten.

⊙ Erstellen Sie eine gemeinsame Checkliste, an die Sie sich beide halten müssen. So zeigen Sie, dass Sie nicht nur Kritik üben, sondern auch Einsatz zeigen.

9 Umgang mit dem Mitarbeiter

Einem Mitarbeiter die Bitte abzuschlagen, ihn zu kritisieren oder ein Diszipli-
nargespräch zu führen ist neben dem Loben eine der schwierigsten Aufgaben
einer Führungskraft. Welcher Führungskraft macht es schon Spaß, den Ur-
laubswunsch eines ledigen Mitarbeiters zugunsten eines verheirateten Famili-
envaters abzuschlagen? Wem fällt es leicht, einem Mitarbeiter den Wunsch
nach einem neuen PC abzuschlagen, weil das Budget nicht vorhanden ist? Und
für wen ist es schon ein Routinegespräch, einen Mitarbeiter aufgrund seines
Verhaltens zu kritisieren?

9.1 Wie sage ich freundlich Nein zum Mitarbeiter?

Bei **ruhiger, sachlicher und freundlich formulierter** Kritik:
83 % Leistungen verbessert
10 % Leistungen beibehalten
 7 % Leistungen verschlechtert

Bei **verletzender/ironischer** Kritik (vor Kollegen):
 7 % Leistungen verbessert
24 % Leistungen unverändert
69 % Leistungen verschlechtert

Ein Nein bedeutet nicht, seinem Mitarbeiter einmal „so richtig die Meinung
zusagen" und ihm seine Fehler unter die Nase zu halten oder seine Forderungen abzuschmettern. Wird ein unerwünschtes Verhalten hart kritisiert oder
eine Forderung seitens des Mitarbeiters harsch abgelehnt, ist der Mitarbeiter je
nach persönlichem Hintergrund entweder eingeschüchtert, wütend oder frustriert. Im schlimmsten Fall verlässt er das Unternehmen, was möglicherweise
einen großen und vor allem unnötigen Verlust einer kompetenten Arbeitskraft
mit sich ziehen würde.

Ziel des Neins sollte vielmehr sein, dass der Mitarbeiter weiterhin für
seine Arbeit motiviert wird. Stellen Sie sich vor, Sie haben dem Mitarbeiter unangenehme Dinge vorenthalten oder Ihr Nein im Gespräch aufgrund man-
gelnder Konfliktbereitschaft, fehlender Selbstsicherheit oder unangebrachtem

Harmoniebestreben nicht transparent gemacht. Wie soll der Mitarbeiter so die Gelegenheit bekommen, Klarheit über seine Situation zu gewinnen oder ein störendes Verhalten zu korrigieren?

Wenn Forderungen nicht erfüllbar sind

Es gibt in Unternehmen unendlich viele Situationen, in denen der Vorgesetzte seinem Mitarbeiter Wünsche und Forderungen abschlagen muss. Um nur einige Beispiele zu nennen:

- Der Mitarbeiter will in eine andere Abteilung, andere Stadt, anderes Land versetzt werden.
- Die Arbeitsmittel sind nicht ausreichend.
- Der Gehaltserhöhung oder dem Urlaubsantrag kann nicht entsprochen werden.
- Der Mitarbeiter ist mit der derzeitigen Strategie unzufrieden.
- Der Mitarbeiter will anderes Aufgabenfeld.

Im Unterschied zu Gesprächen zwischen Kollegen besteht zwischen Mitarbeiter und Vorgesetzten eine asymmetrische, nicht ausgewogene Beziehung. Selbst bei Unternehmen, in denen ein kooperativer Führungsstil mit flachen Hierarchien vorliegt, sind die Rangunterschiede trotz allem vorhanden. Allen ist bewusst, dass der Vorgesetzte aufgrund seiner Positionen Entscheidungen fällt und Anweisungen gibt, die der Mitarbeiter weitestgehend akzeptieren muss. Wenn Sie deshalb gegenüber Ihrem Mitarbeiter ein Nein formulieren, sollten Sie sich der hierarchischen Unterschiede bewusst sein und einige zusätzliche Aspekte bei den Gesprächen beachten.

Möglicherweise hat der Mitarbeiter Hemmungen, seine Gedanken offen zu legen und zu der Ablehnung seines Wunsches angemessen Stellung zu beziehen. Vielleicht sorgt er sich um seine Position und lässt ungerechtfertigte Kritik schweigend über sich ergehen oder nimmt seine Forderungen zu rasch zurück, um daraus später für sich seine Konsequenzen zu ziehen.

Sie tragen als Vorgesetzter eine besondere Verantwortung für ein erfolgreiches Gespräch. Gerade wenn Sie emotional sehr aufgebracht sind, mag es aus Ihrer Sicht manchmal nicht leicht sein, trotz aller Kritik oder Ablehnung verbindlich zu bleiben.

Durch ein verbindliches Nein fördern Sie Vertrauen. Gewinnt der Mitarbeiter den Eindruck, dass seine Forderungen aus bestimmten Gründen abgelehnt, aber mit Interesse behandelt wurden, wird er auch in Zukunft das Gespräch mit dem Vorgesetzten suchen.

Das Mitarbeitergespräch – Die Grundlage für ein freundliches Nein

Nach langem und zielstrebigen Einsatz ist Beate Leiterin des Callcenters geworden. Sie ist erst 31 Jahre alt und schon für einhundert Mitarbeiter verantwortlich. Klar, die Mitarbeiter versuchen jetzt auf ihre Weise herauszufinden, was die Neue bringt und wie sie sich engagiert. Beate ist jedoch entschlossen, sich gegenüber der Belegschaft durchzusetzen.

Bereits nach drei Wochen hat sie freitags den Antrag auf Gehaltserhöhung eines älteren Callcenter-Agenten auf dem Tisch. Muss es ausgerechnet Herr Clemens sein, der nach dem Prinzip zu arbeiten scheint: „Wer später kommt, kann auch früher gehen"? Auch mit seiner Leistung ist Beate nicht zufrieden, da sie schon mehrmals beobachtet hat, wie er Kunden am Telefon kurz angebunden abfertigte und die Beratungen unvollständig durchführte. Montag morgens fängt sie Herrn Clemens direkt nach der Frühstückspause ab: „Guten Morgen Herr Clemens, Sie haben einen Antrag auf Gehaltserhöhung gestellt. Im Moment möchte ich Ihren Antrag nicht befürworten, ich würde mir gern erst ein besseres Bild von Ihnen machen."

„Wollen Sie mir sagen, ich arbeite nicht gut?" „Eben das zu entscheiden, dafür reicht die Zeit die ich hier bin noch nicht aus. Allerdings erwarte ich für ein Mehr an Gehalt auch ein Mehr an Leistung." „Wie, noch mehr? Ich bin doch nur am Arbeiten. Ständig springe ich für die Ausfälle von anderen ein und bin Mädchen für alles." „Nun wie gesagt, das kann ich im Moment noch nicht beurteilen. Ich will auch gar nicht so lange darüber diskutieren. Es ist Montag Morgen und ich habe noch jede Menge auf dem Tisch liegen. Tut mir wirklich leid, Herr Clemens, aber die Entscheidung über Ihre Gehaltserhöhung werde ich auf später vertagen müssen."

Beate ist nicht mit sich zufrieden, als sie in ihr Büro zurückkehrt. Der Verlauf des Gespräches mit dem doch abrupten Ende hat ihr missfallen. Wieso hat das Gespräch sich nicht nach ihren Vorstellungen entwickelt?

Beate hat ein Mitarbeitergespräch ohne Vorbereitung zwischen Tür und Angel geführt. Dadurch hatte das Gespräch kein definiertes Ziel und keine Struktur.

Gespräche mit wichtigen Themen wie in diesem Beispiel müssen geplant werden, wenn sie erfolgreich verlaufen sollen.

Es lassen sich drei Bereiche unterscheiden, die für ein Mitarbeitergespräch wichtig sind:

a) Die Vorbereitung
b) Die Durchführung
c) Die Nachbereitung

a) Die Vorbereitung des Gesprächs

Wer nimmt an dem Gespräch teil?

Überlegen Sie im Vorfeld, wer an dem Gespräch teilnehmen soll. Je nach Situation ist es sinnvoller ein Gespräch zu zweit zu führen, oder weitere Personen dazu einzuladen.

Wo soll das Gespräch stattfinden?

Da Mitarbeitergespräche vertraulich sind, sollten Sie eine ungestörte Umgebung wählen. Damit Sie ungestört bleiben, vermeiden Sie Telefongespräche während Ihres Treffens. Dies würde Ihren Gesprächspartner nur verunsichern und Ihnen die Konzentration auf das Gespräch nehmen. Achten Sie auf die Rahmenbedingungen wie ausreichende Getränke, angenehme Licht- und Sauerstoffverhältnisse sowie angenehme Sitzmöbel. Damit schaffen Sie eine angenehme Atmosphäre.

Wann soll das Gespräch stattfinden?

Geht es um ein wichtiges Kritikgespräch, sollte ein Zeitpunkt gewählt werden, an dem der Mitarbeiter die beste Aufmerksamkeit hat. Sorgen Sie dafür, dass die Gesprächsteilnehmer rechtzeitig informiert werden. Es ist unangenehm, wenn man überraschend zu ein Gespräch gebeten zu wird, weil man sich nicht im Geringsten darauf einstellen kann.

Welche Hilfsmittel werden benötigt?

Ein Mitarbeiter kann Ihr Nein nur dann nachvollziehen, wenn Sie ihm eine Begründung für Ihre Ablehnung oder für Ihre Kritik geben. Schreiben Sie sich alle wichtigen Punkte auf, legen Sie sich relevante Unterlagen (Kassenberichte,

Projektberichte, Protokolle) zurecht und bitten Sie gegebenenfalls den Mitarbeiter, seinerseits Unterlagen mitzubringen. Fehlende Unterlagen bringen nur Unruhe und Zeitverlust.

Um inhaltlich gut vorbereitet zu sein, beantworten Sie sich vor jedem Gespräch folgende Fragen:

Warum findet das Gespräch statt?
Bevor Sie ein Gespräch beginnen, definieren Sie den Anlass des Gespräches. Was soll das Thema des Gespräches sein? Wenn Sie diese Frage nicht exakt beantworten, besteht die Gefahr, dass Sie sich an unwichtigen Themen festhalten und zu den wichtigen gar nicht kommen.

Welche Gesprächsziele habe ich?
Welches Ziel möchten Sie mit dem Gespräch erreichen? Manchmal besteht bei kritischen Situation lediglich das Bedürfnis, sich richtig Luft zu machen oder das Thema schnell vom Tisch zu haben. Damit haben Sie dem Gespräch aber noch keinen Sinn gegeben. Überlegen Sie konkret, welches Hauptziel und vielleicht auch Nebenziele Sie anstreben. Überlegen Sie sich vor allem auch, wie Ihr Mitarbeiter reagieren wird.

b) Die Durchführung des Gesprächs

Eröffnen Sie das Gespräch positiv
Der erste Eindruck bestimmt entscheidend den Gesprächsverlauf. Eröffnen Sie deshalb das Gespräch mit einer positiven Einleitung. Wenn Sie eine entspannte und offene Atmosphäre geschaffen haben, ist die Grundlage für ein vertrauensvolles Gespräch gegeben.

Nennen Sie den Grund des Gesprächs
Wenn Sie den Grund für das Gespräch nennen, weiß Ihr Gesprächspartner frühzeitig, worum es geht. Erläutern Sie für den Mitarbeiter ebenso kurz Ihre Vorgehensweise. Je mehr Informationen zur Verfügung stehen, desto eher lassen sich Missverständnisse und unangenehme Überraschungen vermeiden.

Geben Sie die Gelegenheit zur Stellungnahme

Nachdem Sie dem Mitarbeiter einen Überblick über das Thema des Gespräches gegeben haben, sollten Sie ihm die Gelegenheit geben, zu Ihren Aussagen Stellung zu beziehen. Auch wenn der Mitarbeiter anfängt sich zu rechtfertigen, Ausflüchte zu suchen oder Verantwortlichkeiten zu leugnen: Bleiben Sie ruhig und fallen Sie ihm nicht ins Wort. Legen Sie statt dessen eine Denkpause ein und stellen Sie ihm zunächst ausschließlich sachliche Fragen. Geben Sie Ihrem Mitarbeiter an dieser Stelle die Gelegenheit, seinen Gefühlen Luft zu machen. Möglicherweise sieht er seine Forderungen ungerechtfertigter Weise abgelehnt oder sich zu unrecht kritisiert. Nutzen Sie die Gelegenheit, bisher unbekannte Motive und Bedürfnisse Ihres Mitarbeiters zu erfahren.

Argumentieren Sie nachvollziehbar

Haben Sie die Sichtweise Ihres Mitarbeiters nachvollziehen können, müssen Sie Stellung beziehen. Gehen Sie dabei auf seine Argumente ein. Damit zeigen Sie, dass Sie ihm zugehört haben und auf ihn eingehen. Außerdem können Sie so seine Ausführungen Stück für Stück korrigieren, bestätigen oder ergänzen. Ziehen Sie den Mitarbeiter durch gemeinsames Überlegen mit in die Verantwortung. „Was können Sie tun, um dieses Ziel zu erreichen und bis wann?" Was gemeinsam erarbeitet wurde, ist verbindlicher und bringt echtere Einstellungsänderungen mit sich als aufgedrückte Entscheidungen.

Formulieren Sie positiv

Lob motiviert mehr als Tadel. Wenn Sie Ihre Kritik positiv formulieren, ohne sie zu beschönigen, regen Sie Ihren Gesprächspartner zum Zuhören an. Klingt alles, was Sie sagen negativ und anschuldigend, wird sich Ihr Gegenüber eher zurückziehen und das Gesagte ablehnen.

Beispiele für positivere Formulierungen

Negative	Positive
„Die Leistung, die Sie bringen, ist wirklich das Allerletzte!"	„Ich kann mir die Schwankungen Ihrer Leistung in letzter Zeit gar nicht erklären. Sie sind doch sonst ein zuverlässiger Mitarbeiter. Worin liegen Ihrer Meinung nach die Gründe für die Leistungsschwankungen in letzter Zeit?"
„Sie haben Ihr Pensum nicht geschafft."	„Ein Teil Ihrer Aufgaben sind noch zu erledigen."
„Sie machen einfach alles falsch."	„Sollen wir den Arbeitsablauf noch einmal durchsprechen? Dann finden wir den Fehler."
„Sie sind ja völlig unfähig."	„Was müssen Sie zusätzlich wissen, um diese Aufgabe gut erledigen zu können?

Treffen Sie konkrete Vereinbarungen

Sorgen Sie am Ende des Gespräches für verbindliche Vereinbarungen. Die Ziele müssen dabei konkretisiert, befristet und erreichbar sein. Fassen Sie das Gespräch zusammen oder lassen Sie es vom Mitarbeiter zusammenfassen. So entgehen Sie Missverständnissen.

Fällen Sie am Schluss kein Urteil

Auch wenn keine perfekten Lösungen erzielt wurden oder immer noch Konflikte offen stehen – es ist immer besser Brücken für eine weitere gute Zusammenarbeit zu bauen: „Gut, wir haben jetzt alles besprochen. Wenn wir so vorgehen, dann wird das alles besser. Ich bin sicher und vertraue auf Ihren Einsatz und Ihre Fachkenntnisse. Auf Wiedersehen."

c) Die Nachbereitung des Gesprächs

Stellen Sie sich nach dem Gespräch folgende Fragen:

⊙ Wurde das Gesprächsziel erreicht?

⊙ Wurde der Tatbestand einwandfrei geklärt?

⊙ Haben sich vielleicht noch neue Aspekte herausgestellt?

⊙ Welche Konsequenzen folgen aus dem Gespräch?

⊙ Sollen Maßnahmen veranlasst werden?

⊙ Wie können diese Maßnahmen und Vereinbarungen verbindlich und transparent nachgehalten werden?

⊙ Was könnte man in Zukunft besser machen/was vermeiden?

⊙ Sind weitere Gespräche notwendig?

⊙ Wie war das Klima?

⊙ Wie war ich selbst mit meinem Verhalten, Auftreten, Umgang mit dem Mitarbeiter zufrieden?

Findet keine gezielte Nachbereitung statt, besteht die Gefahr, dass ein Ziel nur scheinbar erreicht wird, weil wichtige Punkte vernachlässigt wurden oder auf Vereinbarungen keine Taten folgen.

Was Sie unbedingt vermeiden sollten

Der Schnee von gestern hat mit der aktuellen Situation in diesem Moment nichts zu tun. Auch wenn der Mitarbeiter früher sehr unordentlich gearbeitet hat, muss sich das heute nicht mehr auf seine Arbeitsergebnisse auswirken. Auch Ironie oder sarkastische Bemerkungen sind in ernsten Kritikgesprächen unangebracht. Sie führen zu Doppeldeutigkeiten und verunsichern Ihren Gesprächspartner.

Kritisieren Sie möglichst nicht am Telefon, sondern immer persönlich. Am Telefon können weder Sie die körpersprachlichen Reaktionen des Mitarbeiters einschätzen noch kann der Mitarbeiter Ihre Reaktionen sehen. Nach außen hin könnte zudem der Eindruck erweckt werden, der Vorgesetzte scheue den direkten Konflikt.

Wenn mehrere Dinge zu beanstanden sind, packen Sie möglichst nicht alles in ein Gespräch. Diese „Schrotflinten-Methode" bewirkt lediglich, dass wichtige Themen oder sogar Lösungen verloren gehen oder nur halbherzig registriert werden.

Bewerten Sie nie die Persönlichkeit eines Mitarbeiters, sondern immer nur dessen Arbeit, Leistung oder Auftreten. Gesprächskiller wie: „Sie sind schlampig" werten einen Menschen als Person ab. Besser wäre hier: „Die Unterlagen auf Ihrem Schreibtisch sind so ungeordnet, dass Ihre Kollegen bei Ihrer Abwesenheit kaum etwas finden können." Sorgen Sie dafür, dass Ihr Mitarbeiter nie sein Gesicht verliert!

Geben Sie möglichst keine Belehrungen und halten Sie keine Monologe. Stellen Sie statt dessen Fragen und fordern Sie Ihren Mitarbeiter auf, aus eigenem Vermögen Lösungen und Alternativen zu entwickeln, wie zukünftiges Fehlverhalten vermieden werden kann.

9.2 Wie vertrete ich Interessen meiner Mitarbeiter?

Gerade Führungskräfte im mittleren Management stehen oft zwischen ihrem Team und ihren eigenen Vorgesetzten beziehungsweise dem Management. Als Vorgesetzter einer Abteilung ist man zum einen dafür verantwortlich, dass die Kommunikation nach „oben" stimmt. Da kommt es schon einmal vor, dass Sie sich vor Ihr Team stellen müssen. Zum anderen haben Sie als Vorgesetzter die Aufgabe, das Team in seiner konstruktiven Zusammenarbeit zu fördern und zu begleiten.

Voraussetzung dafür ist ein stabiles Selbstbewusstsein. Ihre Mitarbeiter und Ihre eigenen Vorgesetzten sollten Ihre Ziele und Ihre Linie kennen. Schwanken Sie zwischen verschiedenen Strategien hin und her, oder hat das Team das Gefühl, Sie würden seine Interessen nicht mit Nachdruck vertreten, verlieren Sie auf Dauer Ihre Autorität.

⊃ Erwartungen transparent machen
Sagen Sie Ihren Mitarbeitern im Vorfeld deutlich, was Sie von ihnen erwarten. Nur so können Ihre Mitarbeiter gezielt auf Beförderungen oder andere Anreize hinarbeiten.

⊃ Interessieren Sie sich für Ihre Mitarbeiter
Bringen Sie in Erfahrung, welche Werte und Weltbilder bei Ihren Mitarbeitern vorliegen. So können Sie eine gute Beziehung zu ihnen aufbauen und ihr Ver-

trauen gewinnen. Besitzen Sie das Vertrauen Ihrer Mannschaft, werden auch deren Wünsche und Bedürfnisse an Sie herangetragen; ein Muss, wenn Sie für Ihre Mitarbeiter einstehen möchten.

Bringen Sie durch gezielte Beobachtung in Erfahrung, welche Persönlichkeitsstrukturen die Mitarbeiter in Ihrem Team haben. Die meisten Mitarbeiter freut es zu wissen, dass sich ihr Vorgesetzter auch über die Arbeit hinaus mit ihnen beschäftigt. Als direkter Vorgesetzter können Sie Ihre Mitarbeiter besser in Schutz nehmen oder für angemessenere Positionen sorgen, wenn Sie deren Fähigkeiten und Eigenarten kennen.

Als zusätzlichen Gewinn motivieren Sie Ihre Mitarbeiter im hohen Maß, wenn Sie sie ihren Interessen und Neigungen nach einsetzen und behandeln.

⊃ Bedürfnisse ernst nehmen

Nehmen Sie die Sorgen und Bedürfnisse Ihrer Mitarbeiter ernst. Wissen Sie von der kürzlichen Trennung Ihres Mitarbeiters von seiner Lebensgefährtin, können Sie ruhig mal ein Auge zudrücken, wenn die Arbeit nicht die gewohnte Qualität erreicht. Zwar geht dieses persönliche Ereignis den Projektleiter nichts an, Sie können aber ein gutes Wort für ihn einlegen und vielleicht die mindere Arbeitsqualität neutraler erklären.

⊃ Mitarbeiter vor Kollegen schützen

Es ist in Ihrer Abteilung hoffentlich nicht der Fall, aber manchmal müssen Sie einen Mitarbeiter vor den Kollegen schützen. Achten Sie deshalb sensibel bereits auf erste Anzeichen von Mobbing unter Ihren Mitarbeitern. Sie handeln damit sowohl im Interesse Ihres Unternehmens als auch Ihrer Mitarbeiter, denn Unternehmensziele werden durch ein schlechtes Betriebsklima gefährdet. Wer von seinen Kollegen aufgrund seiner Herkunft, seiner Interessen oder anderer Eigenarten tyrannisiert wird, traut sich oft nicht, sich zu wehren oder sich an den Vorgesetzten zu wenden und das aus Angst vor weiteren Repressalien, da Mobbing oft versteckt stattfindet. Vertreten Sie deshalb die Interessen des gefährdeten Mitarbeiters und sichern Sie ihm Ihre Unterstützung zu.

9.3 Umgang mit Mitarbeiter-Persönlichkeiten: Fallbeispiele

Wenn der Mitarbeiter stark ausgeprägte G-Züge hat

Feste Regeln und Verpflichtungen sind Frank ein Gräuel. Am liebsten sitzt er in T-Shirt und Jeans am Rechner und programmiert. Auch bestimmt er gern selbst seine Arbeitszeiten. Nachts könne er sich einfach am besten konzentrieren, begründet er seinen ungewöhnlichen Arbeitsrhythmus. Da Frank ein außerordentlich kreativer und engagierter Mitarbeiter ist, drückt sein Chef Theo meistens ein Auge zu. Als jedoch ein wichtiger Kundentermin ansteht, geraten die beiden heftig aneinander. Frank sieht in keiner Weise ein, warum er sich plötzlich mit einem „Rüssel" verkleiden soll. Das bringt Theo zur Weißglut, denn er weiß, dass solche „Unwichtigkeiten" wie Krawatten und Jacketts bei Geschäften dazugehören. „Jetzt hör mal zu", platzt er heraus, „Du bist immerhin bei mir angestellt. Da hast du manchmal eben das zu tun, was ich sage. Und ich will nicht, dass du in Jeans und T-Shirt auftrittst. Punkt." Zwei Wochen später hat Theo die Kündigung von Frank auf dem Tisch liegen. Informatiker sind eben heiß begehrt.

Sagen Sie freundlich Nein zu unangepassten Mitarbeitern

⊙ Kalkulieren Sie im Vorfeld immer die möglichen Gegenreaktionen des Mitarbeiters mit ein. Wer unangepasst ist, ist dies meist aus Überzeugung.

⊙ Lassen Sie sich bei Lösungsvorschlägen auf Kompromisse ein. Solche Mitarbeiter werden nicht gern fremdbestimmt, sondern wollen aktiv am Entscheidungsprozess beteiligt sein.

⊙ Arbeiten Sie Gemeinsamkeiten heraus. Vielleicht halten es in diesem Fall beide für wichtig, den Kunden zufrieden zu stellen. Solche Gemeinsamkeiten können wieder verbinden und schwächen Gegensätze ab.

Mitarbeiter, bei denen der E-Anteil stark ausgeprägt ist

Herr Hidding sitzt zurückgelehnt an seinem Schreibtisch und scheint durch seinen Bildschirm hindurch zu starren. „Na, Herr Hidding, wie läuft es denn so?" „Ja, ja muss ja. Wird schon klappen." Herr Leuschner hat den Eindruck, Herr Hidding würde seine Aufgaben nicht mit dem entsprechenden Engagement und Ehrgeiz erledigen. Er sieht ihn mal bei dem einen, mal bei einem anderen Mitarbeiter plauschen und lachen, aber wirklich zu

arbeiten scheint er nie. Herr Leuschner hatte schon beim Einstellungsge-
spräch gemerkt, dass Herr Hidding weniger an Karriere als einem stabilen
Arbeitsplatz mit netten Kollegen interessiert war. Aber mit so wenig Enga-
gement hatte er nicht gerechnet. „Jetzt reicht es mir", schießt es Herrn Leu-
schner durch den Kopf. Empört über die unmotivierte Arbeitseinstellung
seines Mitarbeiters macht Herr Leuschner kehrt, um diesem einmal gewal-
tig die Meinung zu sagen. Nachdem Herr Leuschner seinem Ärger Luft ge-
macht hat, rauscht er ab, lässt einen völlig verwirrten Herrn Hidding zu-
rück. „Was ist denn plötzlich mit dem los?", fragt der seine Kollegin.

Sagen Sie freundlich Nein zu wenig motivierten Mitarbeitern

⊙ Bewahren Sie einen kühlen Kopf nach dem Motto: Erst denken, dann
handeln. Überlegen Sie, was das Gespräch bewirken soll, ansonsten endet
es in gegenseitigen Anklagen und Missverständnissen.

⊙ Finden Sie im ersten Schritt heraus, was eigentlich los ist. Wenden Sie hier
die Technik des aktiven Zuhörens an. Vielleicht nimmt der Mitarbeiter
sein Verhalten ganz anders wahr.

⊙ Beide Parteien sollten auf eine solche Kritik vorbereitet sein. Was sollte
Herr Hidding in diesem Moment sagen? Wer sich plötzlich mit Vorwür-
fen konfrontiert sieht, fühlt sich bedroht und reagiert in den seltensten
Fällen konstruktiv.

⊙ Bevor Sie Nein zu unmotivierten Mitarbeitern sagen, überlegen Sie sich
auch, ob Ihr Führungsverhalten motivierend wirkt oder ob Sie Ihren Mitarbeiter an die richtige Stelle gesetzt haben.

Wenn der Mitarbeiter stark ausgeprägte G-Züge hat

Sabine ist immer sehr daran interessiert, den Frieden in ihrer Abteilung zu
bewahren und Konflikte möglichst zu vermeiden. Ihrem Mitarbeiter Mar-
tin gelingt es jedoch immer wieder, diese Harmonie durch sarkastische und
ironische Bemerkungen zu stören: „Na, bei dem Tempo, mit dem das Pro-
jekt vorangeht, könnte ich ja noch schnell mal eine Doktorarbeit zwischen-
schieben." Oder: „Ich habe doch gleich gesagt, dass Andreas besser weiter
Akten sortiert hätte." Vor einem Gespräch scheut Sabine trotz Bitten ihrer
Mitarbeiter allerdings zurück. Sie hat große Sorgen, selbst aggressiv zu rea-
gieren, was sie auf alle Fälle vermeiden will. „Martin ist doch sonst ein

ganz zuverlässiger und kompetenter Mitarbeiter. Das wird schon besser werden." *Inzwischen haben ihre frustrierten Mitarbeiter jedoch das obere Management eingeschaltet, das diese Missstände möglichst rasch beseitigt haben möchte. Diesem Druck von allen Seiten hält Sabine nicht stand. Aus lauter Angst vor einer direkten Konfrontation zieht sie es vor, sich versetzten zu lassen. So hat sie sich ihren Job nicht vorgestellt.*

Sagen Sie freundlich Nein zu sehr kritischen Mitarbeitern

⊙ Viele wissen gar nicht, wie sie wirken und sind sehr überrascht, wenn man es ihnen sagt. Vielleicht möchte der Fatalist nur witzig sein, trifft aber mit seinem schwarzen Humor nicht immer ins Schwarze.

⊙ Prüfen Sie im Gespräch, ob der Mitarbeiter mit irgend etwas unzufrieden ist, sich aber selbst scheut, es offen anzusprechen. Gerade G-Typen vermeiden gerne offene Konflikte. Geben Sie ihm das Gefühl, sich ganz auf ihn einzulassen.

⊙ Zeigen Sie ihm die Folgen seines Verhaltens auf. Zum Beispiel, dass sein Verhalten einen Teufelskreis von Ablehnung und schlechter Arbeitsatmosphäre erzeugt.

⊙ Lassen Sie sich auf die zurückhaltende Art ein und argumentieren Sie sachlich.

10 Umgang mit dem Chef

10.1 Wie sage ich freundlich Nein zum Chef?

Gegenüber dem Chef ein Nein zu formulieren, gehört gewiss zu einem der schwierigsten Themen in der Arbeitswelt. Während Sie sich unter Kollegen auf der gleichen Ebene bewegen, steht der Chef in der Hierarchie über Ihnen. Ungeschickt vorgebrachte Forderungen, das strikte Ablehnen von Mehrarbeit oder rüde Beschwerden über wahrgenommene Ungerechtigkeiten können rasch eskalierende Konflikte verursachen. Solche Konflikte gehen bei Mitarbeitern nicht selten mit Ängsten einher, die weniger mit mangelndem Selbstvertrauen, sondern mit realen Befürchtungen verbunden sind. Schließlich ist es Ihr Chef, der auf Ihr Einkommen, Ihre Beförderung, das Budget und personelle Besetzung Ihres Teams wesentlichen Einfluss hat.

Der Chef zwischen den Fronten

Denken Sie aber immer daran: Ihr Vorgesetzter hat in der Regel auch wieder Vorgesetzte, denen er Rede und Antwort zu stehen hat. Gerade im mittleren Management sind Führungskräfte oft einem enormen Druck ausgesetzt. Von der Vorstandsebene, dem Management, dem Geschäftsführer usw. wird von ihm ein funktionierendes Team, hohe Umsatzzahlen, eine gut laufende Abteilung oder eine erfolgreiche Koordination eines Projektes erwartet. Die Mitarbeiter erwarten dagegen von ihrem Vorgesetzten Aspekte wie Vertrauen statt Kontrolle, Anerkennung und Lob, Verständnis, Gerechtigkeit, Feingefühl, zielorientierte Entscheidungen, um nur einige zu nennen. In diesem Spannungsfeld bewegen sich Vorgesetzte in einem Balanceakt, um beiden Seiten gerecht zu werden.

Haben Sie deshalb Verständnis dafür, wenn die Führung in der Abteilung oder im Team nicht immer perfekt ist.

Werden Sie aktiv!

Sicher gibt es, wie überall sonst, auch sehr unangenehme Zeitgenossen, die Ihnen vorgesetzt sind. Betrachten Sie den Umgang mit diesen Menschen als Herausforderung, Ihre kommunikativen Fertigkeiten zu perfektionieren. Manchmal müssen Sie die Dinge selbst in Angriff nehmen, denn nicht immer kann der weise Ratschlag: „Dann wechsle doch einfach die Stelle, wenn dir das alles nicht mehr gefällt", ohne Probleme umgesetzt werden.

Je mehr Sie sich selbst als verantwortlichen Mitarbeiter und nicht als befehlsausführenden Untergebenen betrachten, desto eher setzen Sie Dinge in Bewegung. Statt Ihren Chef zu bekämpfen und ihm Ihre Ansichten von seinem Führungsverhalten deutlich unter die Nase zu halten, arbeiten Sie mit ihm. Sie sorgen für ein stabiles und gutes Verhältnis. Er oder sie ist auf Ihre Rückmeldungen und Ihre Kommunikationsbereitschaft angewiesen. Wenn Sie ständig schlucken und aufgrund dessen krank werden, freut sich Ihr Chef bestimmt nicht. Letztlich wollen schließlich beide Seiten Erfolg für ihr Unternehmen und eine angenehme Zusammenarbeit.

Selbst wenn sich aufgrund Ihrer Initiative nichts ändert und Unternehmensziele möglicherweise nicht erreicht werden, können Sie sich später keinen Vorwurf machen, es nicht wenigstens versucht zu haben. Nur der, der etwas anfasst, erhält eine Chance, Dinge zu verändern.

Die vom Chef geforderte Leistung ist nicht mehr zu erbringen, Sie langweilen sich auf Ihrer Position zu Tode. Ihr Chef gibt Ihnen nur Routineaufgaben. Sie haben sogar den Eindruck, dass egal, was Sie machen, Ihre Leistung vom Chef nicht anerkannt wird. Sollten Sie ein echtes Anliegen haben, sagen Sie zugunsten einer optimierten Zusammenarbeit Nein zum Verhalten Ihres Chefs.

Damit das Gespräch in einer freundlichen, entspannten Atmosphäre verläuft und der Chef tatsächlich etwas an den vorliegenden Zuständen ändert, sollten Sie einige grundlegende Dinge beachten:

➲ Führen Sie ein persönliches Gespräch

Für ein stabiles Klima in Ihrer Abteilung/Ihrem Team oder Ihrer Firma müssen Sie Ihr Anliegen dem betreffenden Vorgesetzten persönlich vorbringen. Aus Angst vor den Konsequenzen einer direkten Aussprache oder aus Sorge vor einer möglichen Eskalation wird bei einem Konflikt gern der nächsthöhere Vorgesetzte konsultiert. Damit schaden Sie sich selbst langfristig, denn Ihr Vorgesetzter wird sich übergangen fühlen.

Je freundlicher und verbindlicher Sie auftreten, desto eher werden Sie Veränderungen bewirken. Wollen Sie, dass Ihr Vorgesetzter ein bestimmtes Verhalten zugunsten eines anderen Verhaltens abstellt, muss er über Ihren

Wunsch informiert sein. Ansonsten ist er möglicherweise der Überzeugung, alles laufe bestens und alle wären zufrieden.

⊃ Gesprächsplanung

Bereiten Sie das Gespräch gründlich vor. Wenn Sie Ihrem Chef gegenüber ein Nein formulieren wollen, ist es nicht sehr höflich, vage Vermutungen oder subjektive Eindrücke zu äußern. Haben Sie den Eindruck, zuviel Arbeit zu haben, sollten Sie das im Gespräch anhand von Unterlagen oder Berichten auch nachweisen können.

Bereiten Sie Gespräche mit dem Chef so vor, als ob der Chef ein Mitarbeiter von Ihnen wäre. Nur weil er Ihr Vorgesetzter ist, hat er nicht automatisch andere Bedürfnisse als ein Mitarbeiter oder Kollege.

Suchen Sie sich für ein Gespräch den richtigen Zeitpunkt und einen günstigen Besprechungsort auf. Achten Sie auch auf Kleinigkeiten wie Pünktlichkeit und dem Anlass angemessene Kleidung. Solche Dinge können manchmal ausschlaggebend sein.

Bei besonders wichtigen Themen lohnt es sich Protokoll zu führen. Zumindest sollten Sie in gemeinsamer Absprache mit allen Beteiligen zumindest am Ende die wichtigsten Punkte zusammenfassen.

⊃ So argumentieren Sie freundlich

Je gründlicher die Planung der Rahmenbedingungen und Gesprächsinhalte, desto besser. Damit Ihre guten Ansätze aber nicht durch Nervosität, unerwartete Einwände oder unbeabsichtigte Verlagerung des Themas auf Nebenschauplätze verloren gehen oder sich ungewollt doch wieder zu einem Ja bewegen lassen, halten Sie sich bei der Vorbereitung Ihrer Argumentation an folgende Fragen:

Welches Argumentationsziel habe ich?

Formulieren Sie Ihre Ablehnung positiv: Sagen Sie Ihrem Chef nicht, dass Sie seinen ausschließlich sachbezogenen Stil ablehnen oder mit Ihrem Arbeitspensum unzufrieden sind. Setzen Sie sich zum Beispiel als Ziel, den Chef dazu zu bringen, sich mehr von seiner menschlichen Seite zu zeigen und im Zuge dessen mehr auf die persönlichen Bedürfnisse seiner Mitarbeiter einzugehen.

Welche Argumente habe ich?

Sammeln Sie alle Argumente, die für Ihre Wünsche sprechen. Es ist nicht sehr freundlich, einen Termin mit dem Chef zu vereinbaren, ihm vorzuwerfen, die Arbeit nicht richtig delegieren zu können und dann keine stichhaltigen Begründungen für eine notwendige Änderung parat zu haben.

Welche Gegenargumente könnten kommen?

Nichts ist frustrierender, als wenn ein perfekt ausgearbeitetes Gedankengebäude mit einer einzigen Bemerkung seitens des Gesprächspartners in sich zusammenfällt. Beschäftigen Sie sich im Vorfeld nicht kritisch mit Ihrer eigenen Argumentationslinie, besteht die Gefahr, dass Sie wichtige Aspekte vergessen. Stellen Sie sich deshalb vor dem Gespräch vor, welche Gegenargumente Ihr Chef Ihren Forderungen entgegen bringen könnte.

Wie kann ich Gegenargumente entkräften?

Haben Sie die Diskussion im Vorfeld gedanklich bereits durchgespielt, sind Sie bestens darauf vorbereitet, Gegenargumente zu entkräften oder sie noch besser für Ihre eigenen Lösungsvorschläge zu nutzen.

Hier noch einige rhetorische Tipps für die Verbesserung Ihrer Argumentationen:

Gliederung der Argumentation	Bevor Sie sich in Einzelheiten verstricken, nennen Sie zuerst das Kernproblem. So haben Sie und Ihr Chef auch bei der Erörterung von Einzelheiten immer den roten Faden vor Augen.
Logisches Sprechen	Bauen Sie Ihre Argumente nachvollziehbar aufeinander auf. Ansonsten laufen Sie bei komplexeren Themen, oder wenn Sie emotional sehr betroffen sind, Gefahr, Ihren roten Faden zu verlieren.
Prinzip der Steigerung	Bringen Sie zu Anfang die schwachen und am Schluss die starken Argumente. Auf diese Weise verstärken Sie die Wirkung.

Dialektik	Bringt der Chef ein Gegenargument zu Ihren Ideen ein, wägen Sie die Vor- und Nachteile der Argumente laut gegeneinander ab. So merkt der Chef, dass Sie sich mit seiner Meinung beschäftigen.
Umgang mit Einwänden	Gehen Sie mit Einwänden immer konstruktiv um oder nehmen Sie am besten mögliche Einwände selbst vorweg. Dadurch werden sie schwächer. Möglicherweise können Sie Einwände Ihres Chef sogar zu Ihrem Vorteil umwandeln.
Anregung zur konstruktiven Mitarbeit	Fragen Sie Ihren Vorgesetzten nach seiner Meinung und seinen Lösungsvorschlägen. Das wirkt kompromissbereit und freundlich.

Wenn es an Führungsqualitäten mangelt

Stellen Sie sich vor, Sie und Ihre Teamkollegen leiden darunter, dass Ihr älterer Vorgesetzter ein Chef „der alten Schule" ist. Auf der Sachebene ist er brillant, nur mit modernen Führungsprinzipien ist er völlig unvertraut. Er ist der Meinung, auch die kleinsten Entscheidungen müssten über ihn laufen und nur er bestimme, was jeder zu tun hat. Ergebnisse werden von ihm persönlich überprüft. Hat er keine Zeit, bleiben die Dinge liegen. Folge dieser Behinderung sind Rückstände im Zeitplan und Unzufriedenheit, da die Kommunikation innerhalb des Teams und die Kooperation zwischen den einzelnen Abteilungen nicht mehr funktionieren kann. Statt dessen wird ein enormer Aufwand betrieben, den „Chef zufrieden zu stellen" und hinter seinem Rücken doch im Sinne eines Teams zu handeln, indem beispielsweise Ideen des Teams als Ideen des Chefs aufbereitet werden.

Um langfristig dieser enormen Vergeudung von Ressourcen vorzubeugen, sollte dringend ein Gespräch mit diesem Vorgesetzten geführt werden. Kennt er die Regeln einer funktionierenden Teamarbeit nicht und wird nur hinter seinem Rücken gehandelt, bekommt er keine Chance zum Umdenken.

Es mag aus den oben genannten Gründen schwierig sein, Nein zu einem sehr eingefahrenen Führungsverhalten zu sagen. Mit einer gründlichen Vorbereitung auf alle möglichen Reaktionen des Chefs und einer guten Argumentation ist auch eine solche oder vergleichbare Hürde überwindbar. Stimmen Sie mit Ihrem Team ab, was Sie sagen möchten.

Leidet das ganze Team unter dem Führungsverhalten des Teamleiters, sollte Einigkeit darin bestehen, was sich genau an dem Führungsstil ungünstig auf die Produktivität oder Zusammenarbeit im Team auswirkt. Auch der Chef braucht Klarheit, um sich ändern zu können.

⊃ Wer sagt es dem Chef?

Wenn es das allgemeine Führungsverhalten ist, was stört, leidet meistens nicht nur ein einziger, sondern die ganze Abteilung oder das ganze Team darunter. Ein heikles Thema ist immer, wer das Anliegen dem Chef vorbringen soll. Soll die Arbeitsgruppe in ihrer Gesamtheit, der Teamsprecher oder jeder Einzelne um ein Gespräch bitten?

Treten Sie gemeinsam als Team auf, beweisen Sie zwar Ihre Zusammengehörigkeit, der Chef könnte sich jedoch gerade dadurch in die Enge gedrängt fühlen oder sich im Mittelpunkt einer „Verschwörung" sehen. Wägen Sie Vor- und Nachteile je nach Situation gegeneinander ab:

Sind Sie allein mit Ihrem Chef, können Sie zwar auf Ihre persönlichen Schwierigkeiten mit dem Führungsverhalten eingehen, laufen aber Gefahr, aus dem allgemeinen Führungsproblem eine Angelegenheit zwischen Ihnen und Ihrem Chef zu machen. Der Zusammenhalt und das gegenseitige Vertrauen in Ihrer Abteilung könnte dadurch auf Dauer gefährdet sein.

Wenn Sie als Team auftreten wollen, sollten Sie vorher deshalb Ihren Chef über Ihr Anliegen informieren. Am besten Sie lassen ihm eine Woche vor dem Gespräch eine schriftliche Zusammenfassung der Themen zukommen, die Sie mit ihm besprechen wollen. So kann er sich auch auf das Gespräch vorbereiten.

Treten Sie allein auf, sprechen Sie auch nur für sich. Sobald Sie für einen anderen Kollegen sprechen („Der Herr Franz sieht das übrigens genauso wie ich!") ist der Nährboden für Missverständnisse und Konflikte geschaffen. Bleiben Sie deshalb konsequent in der Ich-Form und lassen Sie sich auch nicht von dieser Linie abbringen.

Treten Sie als Sprecher für Ihre Gruppe auf, machen Sie dies von Anfang an, am besten auch schriftlich, deutlich. Halten Sie in solchen Gesprächen auch konsequent die Wir-Form ein, damit Sie den Status als Repräsentant beibehalten. Auch in diesem Fall empfiehlt sich eine schriftliche Vorinformation und ein betont sachliches Vorgehen. Sie zeigen Ihre Bereitschaft, den Chef nicht zu hintergehen und mit offenen Karten zu spielen.

⊃ Von Beginn an konstruktiv

Damit Ihre Kritik in einer freundlichen Atmosphäre stattfindet, bemühen Sie sich von Beginn an um einen freundlichen, entspannten Umgangston. Bringen Sie im Gespräch zwischendurch immer wieder Aspekte, die bereits gut laufen und Ihrer aller Anerkennung finden. Sehen Sie es nicht als selbstverständlich an, wenn der Chef von sich aus konstruktive Lösungsvorschläge mit in die Diskussion einbringt. Zeigen Sie durch lebendige Körpersprache und lebendigen Tonfall, wie sehr Sie sich darüber freuen. (Übertreiben Sie dabei aber nicht, sonst wirkt das Verhalten aufgesetzt.)

⊃ Geben Sie genügend Zeit

Lassen Sie Ihrem Chef Zeit, sich einen Überblick über die Lage zu verschaffen. Es macht Sie sympathisch, wenn Sie ihn nicht zu einer Zusage oder einer Entscheidung drängen. Wer mit der Tatsache konfrontiert wird, dass er ein bisher scheinbar erfolgreiches Verhalten ändern soll, sollte Zeit haben, sich auf die Kritik einzustellen.

⊃ Zeigen Sie Kompromissbereitschaft

Bleiben Sie sich selbst gegenüber kritisch und versuchen Sie nicht, Ihre Vorstellungen mit aller Gewalt durchzusetzen. Zeigen Sie sich immer kompromissbereit. Sie mögen die Führungsstrategie Ihres Vorgesetzten als völlig ineffektiv einschätzen, Ihr Vorgesetzter sieht in seinem Stil dagegen vielleicht Vorteile, die Ihnen in Ihrer Position gar nicht bewusst sind. Vielleicht hat das, was Ihr Vorgesetzter angeordnet hat, doch Sinn?

Wenn die Arbeit zu viel oder zu wenig wird

Daniela hatte in einer jungen Firma neu angefangen. Wie es bei jungen Unternehmen so ist, war die Arbeit kaum zu bewältigen. Kaum war das eine Projekt in Ansätzen geplant, lag auch schon das nächste auf dem Tisch. Vor einer Investition für einen neuen Kollegen in der Abteilung schreckte der Vorgesetzte jedoch aus finanziellen Gründen zurück. Da er vom Typ her an einer offenen Kommunikation sehr interessiert war, ließ er sich auf ein Gespräch mit Daniela ein, rechnete ihr jedoch vor, dass er ihrem Wunsch nach Arbeitsentlastung leider nicht nachkommen könne. Daniela kannte ihren Chef und sein Denken allerdings mittlerweile recht gut. Deshalb fing sie nicht an, sich mit ihrem Chef über die Überbelastung zu streiten, sondern suchte nach einer anderen Lösung. Bereits nach ein paar Tagen bat sie wieder um ein Gespräch und präsentierte ihrem Chef eine Umstrukturierung der derzeitigen Firmenstrategie. Sie benutzte bei der Präsentation nur positive Worte wie „Optimierter Einsatz von Ressourcen", „effektive Planung", „Verbesserung". Ihre Vorschläge stießen beim Vorgesetzten auf Akzeptanz. Auf diese Weise hatten beide Seiten gewonnen.

Daniela hatte zu den Überforderungen deutlich Nein gesagt und eigenständig Lösungsvorschläge erarbeitet. Der Chef war erleichtert, seine Mitarbeiter durch die neue Struktur entlasten zu können.

Daniela hat das Prinzip des freundlichen Neins begriffen. Sie hatte zunächst das Problem sachlich dem Chef vorgetragen. Hier zeigte sich, dass dieser sich des Problems bewusst war (Information 1), sich selbst jedoch nicht in der Lage sah, der Forderung nach Arbeitsentlastung entgegenzukommen (Information 2). Da Sabine mit der Persönlichkeit und dem Weltbild ihres Chefs vertraut war, konnte sie nun Lösungsvorschläge entwickeln, die den Vorstellungen des Chefs entgegenkamen.

Was Sie beachten sollten, wenn es Ihnen zu viel wird

Bevor Sie Ihrem Chef sagen, wie sehr Sie sich überfordert sehen, sorgen Sie als erstes für Ihre eigene positive Grundhaltung. Sobald Sie innerlich aufgewühlt, sauer oder aggressiv sind, besteht die Gefahr, den Chef unsachlich mit Anklagen zu überhäufen und damit zu verärgern. Vielleicht machen Sie so Ihren Gefühlen Luft. Mehr erreichen Sie damit allerdings nicht.

Belegen Sie genau, in welchen Bereichen die Überbelastung liegt. Wenn Sie ständig Überstunden schieben müssen, um die Anliegenden Aufgaben zu bewältigen, legen Sie Ihrem Chef Ihr Zeitmanagement vor. So sieht Ihr Chef, dass die Überforderung nicht aufgrund eines schlecht organisierten Arbeitsablaufs zustande kommt. Und er kann nachvollziehen, wo die Schwachstellen im System liegen.

Suchen Sie nach Gemeinsamkeiten statt nach Unterschieden. Arbeiten Sie erst die Aspekte heraus, in denen Sie und Ihr Vorgesetzter übereinstimmen. Manche Anliegen von Ihnen werden dadurch schon relativiert und erleichtern einen gemeinsamen Zugang zu den strittigen Themen. In diesem Fall erarbeiten Sie mit Ihrem Chef zunächst all das, was Sie bewältigen können, danach das, was Sie nicht allein schaffen. Dies rückt Sie in ein kompetenteres Licht. Versuchen Sie, die Situation distanziert, aus der Perspektive Ihres Vorsetzten zu betrachten und aus seiner Perspektive heraus Lösungen zu entwickeln. Aus seiner Sicht bekommt Ihr Anliegen möglicherweise ganz andere Dimensionen.

Teufelskreis Unterforderung

Haben Sie den Eindruck, nur noch Routinearbeiten zu erledigen oder in Ihrem Aufgabenfeld in keiner Weise alle Ihre Kompetenzen einbringen zu können, sollten Sie auf jeden Fall das Gespräch suchen. Bevor Sie in ein Gespräch einsteigen, analysieren Sie kritisch Ihre derzeitige Situation. Ärgern Sie sich über die Unterforderung und erledigen deshalb Ihre Aufgaben oder kleinen Projekte nur noch lustlos und nachlässig? Vielleicht hat sich hier ein Teufelskreis gebildet:

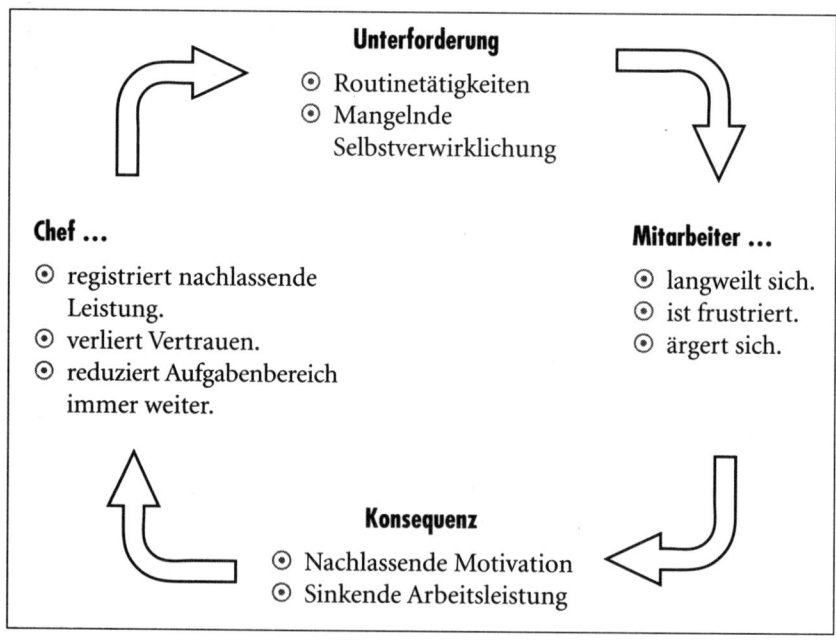

Unterforderung
- ⊙ Routinetätigkeiten
- ⊙ Mangelnde Selbstverwirklichung

Chef ...
- ⊙ registriert nachlassende Leistung.
- ⊙ verliert Vertrauen.
- ⊙ reduziert Aufgabenbereich immer weiter.

Mitarbeiter ...
- ⊙ langweilt sich.
- ⊙ ist frustriert.
- ⊙ ärgert sich.

Konsequenz
- ⊙ Nachlassende Motivation
- ⊙ Sinkende Arbeitsleistung

Vernachlässigen Sie bei Ihrer Analyse nicht die Möglichkeit, dass Ihr Chef Ihrem Wunsch nach verantwortungsvolleren Tätigkeiten nicht nachkommen will. Ihre Kompetenzen könnten möglicherweise eine Gefährdung der Position Ihres Chef darstellen. Solche Fälle gibt es, sollten aber mit größtmöglicher Vorsicht und entsprechendem Feingefühl angegangen werden.

Freundlich Nein sagen zur Unterforderung

Betreiben Sie keine Schuldzuweisungen. Greifen Sie Ihren Chef nicht an oder werfen Sie ihm vor, er gäbe Ihnen absichtlich nur unwichtige Projekte zur Bearbeitung, weil er Sie ausgrenzen wolle. Möglicherweise fällt Ihr Chef in diesem Moment aus allen Wolken und ist sogar noch persönlich durch diese Unterstellung gekränkt. Günstiger ist es, sachlich die derzeitige Situation aufzuzeigen und ihm klar zu machen, dass Sie mit dieser Aufgabenverteilung aus diesen oder jenen Gründen nicht sehr glücklich sind.

Sprechen Sie nicht von Ihren Bedürfnissen, sondern stellen Sie die Vorteile heraus, die eine Erweiterung Ihres Aufgabenfeldes für das Unternehmen mit sich bringen würde.

Fehlt eine Ihren Fähigkeiten angemessene Aufgabe, überlegen Sie gemeinsam mit Ihrem Vorgesetzten, ob eine entsprechende Stelle im Unternehmen geschaffen werden kann.

Wenn es an Anerkennung fehlt

Wochenlang haben Sie sich ein Bein nach dem anderen ausgerissen. Sie haben Überstunden geleistet und sich fehlende Kenntnisse in Ihrer Freizeit erarbeitet. Krönung Ihrer Bemühungen ist eine Veröffentlichung Ihres Projekterfolges in einer renommierten Zeitung. Der Kommentar Ihres Chefs: „Wurde ja auch mal langsam Zeit." Ihre Freude ist dahin, die Motivation sinkt rapide. Häufen sich derartige Rückmeldungen, sinkt möglicherweise auch die Arbeitsleistung.

Anerkennung hat viele Gesichter

Eine Umfrage bei Mitarbeitern über das Anerkennungsverhalten ihrer Chefs brachte recht niederschmetternde Ergebnisse: Lediglich 5 Prozent der Mitarbeiter fühlten sich regelmäßig gelobt, 34 Prozent gelegentlich, 20 Prozent selten. 34 Prozent konnten aus den Rückmeldungen ihres Chefs nie ein Lob herauslesen.

Für eine sehr gute Leistung erwarten die meisten Mitarbeiter Lob und Anerkennung. Für den einen ist es sehr motivierend, wenn er vor versammelter Mannschaft für seine Leistungen ausgezeichnet wird. Für den Nächsten ist eine schriftliche Leistungsbeurteilung wichtig. Wieder andere benötigen nur ab und an eine Bestätigung, dass sie auf der richtigen Linie arbeiten. Ständige Anerkennung vom Chef benötigen sie nicht, da gute Verkaufszahlen und Rückmeldungen von Kunden, Patienten usw. für sie Anerkennung genug sind.

So wie für verschiedene Mitarbeiter unterschiedliche Arten von Anerkennung oder Förderungen wichtig sind, hat auch jeder Vorgesetze einen eigenen Stil, seine Anerkennung auszudrücken.

Es gibt durchaus Vorgesetzte, die der Auffassung sind: „Wenn ich den Mitarbeiter nicht kritisiere, habe ich ihn dadurch schon gelobt." Andere drücken ihre Anerkennung aus, indem sie dem Mitarbeiter ein besonderes Seminar zur beruflichen Qualifizierung „spendieren". Denken Sie daran: Nicht jeder Chef fällt seinen Mitarbeitern um den Hals, wenn er mit ihrer Arbeit zufrieden ist.

Versuchen Sie deshalb herauszufinden, ob Ihr Chef Ihre Leistungen tatsächlich nicht anerkennt oder es vielleicht in einer Ihnen nicht ersichtlichen Art tut.

Was der Chef wissen muss

Wissen Sie, ob Ihr Chef wirklich weiß, was Sie alles geleistet haben? Ist ihm bewusst, wie viel Engagement Sie haben? Dass mit Ihrem Projekt ein entscheidender Durchbruch erzielt wurde? Dass Sie seit zwei Wochen neben Ihrer eigentlichen Arbeit noch zusätzlich die Aufgaben des kranken Kollegen übernehmen? Gerade im Team oder in einer größeren Abteilung fällt die Arbeit des Einzelnen oft nicht auf, und nicht immer kann man vom Chef einen absoluten Überblick über die Tätigkeiten jedes Mitarbeiters verlangen.

Weiß Ihr Chef nicht, was Sie tatsächlich leisten, kann er Sie dafür auch nicht loben. Es ist unangenehm, sich über mangelnde Anerkennung und fehlendes Lob zu beklagen, und der Chef weiß gar nicht, was Sie eigentlich von ihm wollen.

Am geschicktesten gehen Sie vor, wenn Sie von den Erfolgen und Zielen des Unternehmens sprechen und dabei nebenbei Ihren eigenen Anteil am Erfolg mit einfließen lassen. Dadurch zeigen Sie Ihre Identifikation mit dem

Unternehmen und machen gleichzeitig den Chef auf Ihre Anteile am Erfolg aufmerksam.

Freundliches Nein sagen schließt Beharrlichkeit nicht aus. Oft sind Vorgesetzte überlastet und oder nehmen Ihr Verhalten anders als Sie wahr. Geben Sie jedoch nicht auf. Hört Ihr Vorgesetzter oder Ihre Vorgesetzte, dass Sie zum fünften Mal freundlich aber bestimmt darauf hinweisen, wie sehr Sie sich über ein Lob freuen würden, fragt er sich wahrscheinlich irgendwann, ob er in seinem Verhalten vielleicht doch irgendetwas ändern sollte.

Setzen Sie bewusst Ihre Körpersprache ein. Wenn Sie Ansätze eines Lobes bei Ihrem Chef bemerken, zeigen Sie ihm deutlich, wie sehr Sie das freut (dynamische Haltung, lebendige Gestik, freudige Mimik, schnellere Arbeit, sofern Sie eine handwerkliche Tätigkeit ausführen). Körpersprache wirkt oft recht subtil, dafür aber umso nachhaltiger.

Erziehen Sie Ihren Chef. Loben Sie ihn selbst, wenn Ihnen etwas an seinem Verhalten besonders gut gefällt. Auf diese Weise geben Sie Ihrem Chef indirekt zu verstehen, welchen Stil Sie bevorzugen und sind ihm gleichzeitig Vorbild. Übrigens: Auch Chefs sind nur Menschen und werden gern einmal gelobt.

10.2 Wie vertrete ich die Interessen meines Chefs?

Nicht selten haben gerade Mitarbeiter im Vorzimmer des Chef die unangenehme Aufgabe, ihm den Rücken freizuhalten. Ob Sie Anrufer auf einen späteren Zeitpunkt vertrösten oder Absagen für Ihren Chef tätigen, immer wieder stehen Sie vor der Situation, für Ihren Chef Nein sagen zu müssen. Unangenehm ist es vor allem dann, wenn Sie dabei als sein Sprachrohr Interessen und Meinungen vertreten sollen, die Ihren Vorstellungen nicht entsprechen.

Zum Beispiel sollen Sie einer anderen Firma mitteilen, dass für Sie derzeit kein Interesse an deren Dienstleistung besteht oder Sie sich für einen Mitbewerber entschieden haben. Auch wenn Sie mit der Entscheidung Ihres Chefs nicht einverstanden sind, müssen Sie das Nein so formulieren, dass nach außen hin der Eindruck entsteht, Sie stünden hinter der Entscheidung Ihrer Firma. Sätze wie: „Tut uns leid, mein Chef will keinen Wasserspender in der Firma", oder: „Mein Chef fand einen anderen Bewerber besser", werfen für Außenstehende ein schlechtes Licht auf Ihre interne Zusammenarbeit.

Oft ist man in der Zwickmühle, gerade wenn dem anderen in vorherigen Gesprächen Hoffnung gemacht wurde und der Umgangston sehr nett war. Nicht wenige versuchen deshalb solche Absagegespräche sehr kurz zu halten: „Tut uns leid, wir haben leider doch kein Interesse. Auf Wiederhören."

In drei Schritten freundlich absagen

Es gibt genügend Gründe, auch dieses Nein sehr freundlich zu formulieren. Erstens steht auf der anderen Seite immer ein Mensch, der sich die Mühe gegeben hat, Ihrer Firma ein Angebot zu unterbreiten oder aus anderen Gründen mit der Firma in Kontakt zu treten. Zweitens kann es ja sein, dass der Chef seine Entscheidung überdenkt und doch zusagt. Möglicherweise kann die angebotene Dienstleistung zwar nicht in diesem aber vielleicht im nächsten Jahr in Anspruch genommen werden. Denken Sie deshalb immer in die Zukunft, denn man trifft sich im Leben niemals nur einmal.

Machen Sie sich auch bewusst, dass Menschen, die ein Anliegen an Ihren Chef haben, meistens auch nur Mitarbeiter sind, die im Auftrage ihrer Firma handeln. Wer schon einmal selbst Interessenten für ein Produkt gesucht hat, weiß, in welchem Ton man oft abgeschmettert wird.

Schritt 1: Die Gesprächseinleitung

Äußern Sie sich zu dem, was der andere Ihrer Firma angeboten hat, möglichst positiv, egal ob es sich um ein Produkt, eine Dienstleistung oder eine Bewerbung usw. handelt. Loben Sie das Produkt. Hatten Sie bereits vorher Kontakt, knüpfen Sie dabei an vorherige Gespräche an. Auf diese Weise erhält das Gespräch eine persönliche Note.

Achten Sie darauf, dass in Ihrer Formulierung nicht direkt ein „aber" mitklingt („Das war ja ein sehr schönes Konzept, was Sie da geboten haben, aber ....").

Schritt 2: Die Ablehnung

Reden Sie nicht zu lange um den heißen Brei herum, sondern sagen Sie es, wenn Sie ein Angebot nicht in Anspruch nehmen möchten. Ersparen können Sie dem anderen das Nein nicht. Sofern Sie zu Beginn des Kontaktes für eine angenehme, persönliche Atmosphäre gesorgt haben, wird das Nein höchstwahrscheinlich gelassener akzeptiert.

Schritt 3: Die Begründung

Begründen Sie die Entscheidung Ihres Chefs. Informieren Sie sich bei ihm, warum er sich gegen einen Bewerber entschieden hat oder warum das angebotene Produkt nicht seinen Vorstellungen entspricht.

Benutzen Sie dabei die Wir-Form: „Wir bedauern sehr, Ihnen eine Absage machen zu müssen. Wir haben uns jedoch für einen Ihrer Mitbewerber entschieden."

Auch wenn die Ablehnung nicht unbedingt Ihrer eigenen Meinung entspricht, können Sie als Repräsentant Ihrer Firma zumindest Sorge dafür tragen, dass der Mensch auf der andern Seite die faire Chance erhält, sein Produkt, seine Dienstleistung oder seine Qualifikation zu verbessern. Geben Sie zum Beispiel einem Bewerber den Hinweis, dass Sie sich für die gesuchte Stelle noch etwas mehr kaufmännisches Wissen gewünscht hätten. Oder Sie geben zu erkennen, dass das Angebot, so wie es ist, nicht in Ihren zeitlichen, personellen Rahmen passt.

Wenn es den Tatsachen entspricht, weisen Sie an dieser Stelle auf eine mögliche zukünftige Zusammenarbeit hin. Damit lassen Sie dem anderen die Möglichkeit offen, zu einem späteren Zeitpunkt, beispielsweise mit einem veränderten Produkt noch einmal bei Ihnen anzufragen.

Schritt 4: Der Dank

Bedanken Sie sich für seinen Einsatz/Angebot/Nachfrage und wünschen Sie ihm bei seinen weiteren Bemühungen viel Erfolg. Ihr Chef möchte lediglich dieses Angebot/Dienstleistung nicht in Anspruch nehmen. Warum sollte Sie dem Anbieter dann nicht viel Erfolg bei seiner weiteren Arbeit wünschen?

10.3 Umgang mit Chef-Persönlichkeiten: Fallbeispiele

Wenn der Chef stark ausgeprägte A-Züge hat

Irgend jemand sollte die E-Mail an den Kunden schicken. Daran erinnert sich Marion dunkel. Irgendwann in der Teambesprechung hatte es die Chefin erwähnt. Aber wer sollte es nun machen? Schon steht ihre Chefin Andrea an Marions Tisch und Vorwürfe hageln auf sie hernieder. Ohne Atempause schimpft Andrea über die Schlamperei. Die E-Mail sei furchtbar wichtig gewesen. Auf keinen sei mehr Verlass. Um alles müsse sie sich selbst kümmern. Das Ganze würde ein Nachspiel haben und so weiter. Immer wieder versucht Marion ihr zu erklären, dass die Aufgabe gar nicht speziell an sie delegiert war und sich keiner für diese Aufgabe verantwortlich gefühlt habe. Das interessiere sie nicht, schreit Andrea. Hauptsache, die Sache wird erledigt. Und dann geht das ganze von vorn los. „Ja, ja, ich mache es ja schon." Als die Chefin wieder draußen ist, presst sich Marion die Hand auf den Magen. Lange hält sie das nicht mehr aus. Soll sie denn immer nur schlucken um des lieben Friedens Willen?

Sagen Sie freundlich Nein sagen zu cholerischen Chefs

⊙ Nehmen Sie Angriffe von Menschen mit cholerischen Zügen nicht persönlich. Meistens sucht der andere nur ein Ventil, „Dampf abzulassen".

⊙ Geben Sie direkt zu, wenn der Fehler bei Ihnen liegt. Damit bieten Sie Ihrem Chef keine weitere Angriffsfläche.

⊙ In solchen Situationen ist die erfolgreichste Strategie, zunächst Ja zu sagen und dann eine Aufgabe zu erledigen. Erst, wenn sich die Emotionen auf der anderen Seite abgekühlt haben, sollte ein Gespräch geführt werden, in dem Sachargumente im Vordergrund stehen.

⊙ Unterbrechen Sie Ihren Chef nicht beim Schimpfen. Wenn Sie ihn bei ‚M' unterbrechen, fängt er einfach so lange wieder bei ‚A' an, bis er bei ‚Z' angekommen ist.

⊙ Stehen und sitzen Sie aufrecht und sprechen Sie mit klarer, deutlicher Stimme. Wer selbstbewusst wirkt, wird ernster genommen und der Chef beherrscht sich mit seinen cholerischen Anfällen.

Wenn der Chef wütend ist

⊙ Lassen Sie sich nicht provozieren. Einige legen es darauf an, Sie so in eine schwächere Position zu drängen („Wer schreit hat Unrecht").

⊙ 5 Sekunden-Regel
Wenn der Chef etwas Ihrer Auffassung nach Kränkendes/ Verletzendes sagt, warten Sie 5 Sekunden ab, bevor Sie etwas sagen, um den ersten Adrenalinstoss vorüberziehen zu lassen.

⊙ Führen Sie das Gespräch wieder auf die Sachebene zurück, indem Sie freundlich, aber bestimmt bitten, wieder zum Kern der Sache zurückzukommen. („Ich verstehe, dass es für Sie ungewohnt ist, Zwischenergebnisse nicht selbst zu prüfen. Können wir deshalb noch einmal auf meine Idee von eben zurückkommen?")

Wenn der Chef stark ausgeprägte G-Züge hat

Wieder einmal befindet sich Beate auf dem Weg zu ihrem Chef. In der Hand den x-ten Entwurf des Umschlags. Nie, aber auch wirklich nie ist Herr Schwenk zufrieden. Ein Lob hat sie noch nie erhalten. Beate ist schon längst die Lust an der Arbeit vergangen. Ausgeschrieben war ihr Anforderungsprofil als „kreativ und innovativ". Aber zu kreativen Aufgaben kommt sie schon lange nicht mehr. Dazu fehlt es einfach an Zeit. Ihr Chef setzt so hohe Standards, dass sie mittlerweile jeglichen Rahmen sprengen. Die Hürde zum Lob ist unerreichbar. Einmal hat sie die Angelegenheit angesprochen. Da erntete sie nur die Bemerkung: „Ich lobe nur den, der es auch verdient."

Sagen Sie freundlich Nein zu perfektionistischen Chefs

⊙ Bitten Sie um ein ausführliches Feedback Ihrer Leistungen mit der Begründung, dass Sie nur so Ihre Stärken gezielt ausbauen und Schwächen abbauen können.

⊙ Bleiben Sie in erster Linie auf der Sachebene und überlassen Sie Ihrem Vorgesetzten, einen persönlicheren Kontakt aufzubauen.

⊙ Schreiben Sie auf, was Sie bereits getan haben und was Sie noch tun müssen. Je genauer Sie dem Stil Ihres Chefs entgegenkommen, desto eher kann er mit Ihrer Kritik etwas anfangen. Stellen Sie die Vor- und Nachteile verschiedener Formen des weiteren Vorgehens heraus.

⊙ Erarbeiten Sie bereits im Vorfeld unterschiedliche Lösungsvorschläge, um umständliche Diskussionen abzukürzen und dem Chef Entscheidungen leichter zu machen.

⊙ Sie bleiben konstruktiv, indem Sie Ihre Motivation in den Vordergrund stellen, statt sich über die ständige Kritik zu beschweren.

⊙ Zeigen Sie ihm durch selbstbewusste Körpersprache, Mimik und Gestik, dass Sie selbst in keiner Weise an Ihren Leistungen zweifeln.

Wenn der Chef stark ausgeprägte E-Züge hat

Uwe ist neu in der Firma und von Anfang an um ein gutes Klima bemüht. Um seinen Mitarbeitern ein wenig näher zu sein, hat er sich direkt mit Vornamen, statt mit „Herr Petri" vorgestellt. Gerade die älteren Mitarbeiter hätten aber gern ein wenig mehr Distanz. Uwe ist nun einmal ihr Vorgesetzter und nicht ihr Freund. Aus diesem Grund haben sie einen Termin angesetzt. Uwe begrüßt sie herzlich: „Was kann ich denn für euch tun?"

„Ja, erst einmal möchten wir sagen, dass uns die Zusammenarbeit bisher sehr gut gefällt. Besonders gut finden wir, dass die Abteilungen jetzt viel organisierter zusammenarbeiten und sich das Klima deutlich verbessert hat. Wir würden uns allerdings wünschen, wieder zum ‚Sie' überzugehen. Das ‚Du' fällt einigen von uns recht schwer, weil wir das ‚Sie' beim Vorgesetzten gewohnt sind. Einige von uns fühlen sich deshalb im Gespräch unbehaglich. Wir glauben, dass einige von uns viel öfter das Gespräch suchen würden, wenn sie wieder zum Siezen übergehen könnten." „Oh, das wusste ich gar nicht. Ich dachte, so würden wir besser miteinander vertraut. Aber wenn es Ihrer Ansicht nach das Klima noch mehr verbessert, können wir gern beim ‚Sie' bleiben."

Sagen Sie freundlich Nein zu harmoniebedürftigen Chefs

⊙ Optimaler hätte es kaum laufen können. Das Gespräch war geplant und keiner wurde in die Enge getrieben oder mit unerwarteter Kritik konfrontiert.

⊙ Der Chef wurde für sein Engagement und seine bisherigen Erfolge anhand klarer Fakten gelobt, ohne dass das Lob übertrieben oder eine leere Floskel vor der eigentlichen Kritik war.

⊙ Nachdem gezeigt worden war, dass an einer positiven Einstellung gegenüber dem Vorgesetzten kein Zweifel besteht, wurde ohne Umschweife das Nein zum „Du" formuliert.

⊙ Als Argument wurde ein klarer Vorteil für den Chef herausgestellt.

11 Umgang mit dem privaten Umfeld

Im privaten Umfeld sind es vor allen Dingen die alltäglichen, kleinen Konflikte und Unsicherheiten, die viele als belastend erleben. Eigentlich könnte es uns doch egal sein, was der Kellner von uns denkt, wenn wir das Essen zurückgehen lassen. Und eigentlich sollte es uns egal sein, wenn der Staubsauger-Vertreter ohne uns etwas verkauft zuhaben wieder gehen muss.

Nahezu jeder Mensch will gemocht werden und Anerkennung erfahren. Ein Nein birgt immer die Gefahr, den anderen vor den Kopf zu stoßen und dadurch an Sympathie zu verlieren. Es uns nicht egal, was andere von uns halten. Und darum ist es sinnvoll, auch im privaten Umfeld unsere Grenzen so zu ziehen, dass der eigene Sympathiewert durch einen freundlichen Umgang miteinander erhalten bleibt.

11.1 Wie sage ich freundlich Nein zu meinem privaten Umfeld?

Wie im beruflichen Bereich gibt es auch im privaten Umfeld einige Empfehlungen, die ein freundliches Nein erheblich erleichtern. Eine Erfolgsgarantie stellen solche Tipps und Strategien nicht dar, meistens erleichtern sie uns den Umgang mit unseren Mitmenschen jedoch erheblich.

⊃ Beginnen Sie emotional

Wer auch immer ein Anliegen an Sie heranträgt, wird über ein Nein in irgendeiner Weise enttäuscht sein. Dieser Enttäuschung kommen Sie entgegen, in dem Sie auf das Anliegen einfühlsam eingehen.

Wenn jemand sich die Mühe macht, Ihnen etwas anzubieten (egal ob es sich um eine Einladung oder eine Versicherungspolice handelt) geben Sie ein positives Feedback. Schließlich hat der andere entweder an Sie gedacht oder sich Mühe gegeben, Ihnen ein Angebot schmackhaft zu machen. Honorieren Sie diese Bemühungen, indem Sie sich bedanken. Damit zeigen Sie deutlich, dass Sie zwischen Person und Sache trennen. Sie mögen vielleicht kein Interesse an einem Verein zu Rettung der Steinlaus haben, wenn Sie das Projekt jedoch als „interessant" und „lobenswert" bezeichnen, wirkt ihre Ablehnung nicht persönlich kränkend.

⊃ Zögern Sie Ihr Nein nicht heraus

Sagen Sie möglichst frühzeitig Nein. Ein Nein bleibt ein Nein und wird durch Hinauszögern nicht freundlicher.

Es hört sich ehrlich an, wenn Sie zugeben, dass Sie selbst etwas nicht möchten. Wer ständig sagt: „Ich kann nicht" statt „Ich möchte nicht", erweckt irgendwann den Eindruck, er würde nicht über sein eigenes Leben bestimmen. Stehen Sie zu sich und Ihrem Nein, das macht Sie sympathisch und glaubwürdig.

⊃ Geben Sie eine Begründung

Die Begründung, die Sie für Ihr Nein geben, sollte sachlich, korrekt und glaubwürdig sein. Werden Begründungen zu lang, neigen sie dazu, unglaubwürdig zu werden. Fassen Sie sich deshalb auch im privaten Umfeld relativ kurz. Lehnen Sie beispielsweise eine Einladung ab, müssen Sie keine Beweismittel wie Kinokarten vorlegen, damit Ihre Begründung: „Ich habe heute schon etwas vor", glaubwürdig klingt. Auch unstrukturierte Freizeit ist Freizeit. Das Vorhaben, sich abends allein mit einer Tüte Chips einen schönen Fernsehfilm anzusehen, ist genauso verständlich wie ein Theaterbesuch.

⊃ Bleiben Sie bei der Wahrheit

Um sich selbst die Enttäuschung des anderen zu ersparen, wird gern auf kleine Notlügen zurückgegriffen. Notlügen werden aber manchmal „enttarnt" und bringen einen in peinliche Situationen. Kommen sie heraus, ist die Kränkung für den Belogenen ungleich größer, als wenn man von Beginn an die Wahrheit gesagt hätte.

Ein Beispiel: „Tut mir furchtbar leid, heute abend klappt es mit dem Treffen nicht. Ich habe Kopfschmerzen." Fragt sich nur, was der Freund dann im italienischen Restaurant machte, in dem er am gleichen Abend mit einem attraktiven Gegenstück an seiner Seite gesehen wurde.

Wäre Ihnen vielleicht die folgende Absage lieber?

„Ich weiß, dass wir uns für dieses Wochenende verabredet hatten. Jetzt hat gestern die nette junge Dame angerufen, die ich letzten Samstag in dem Café kennen gelernt habe. Es ist die letzte Möglichkeit sie zu treffen, bevor sie für drei Wochen in den Urlaub fliegt. Diese Gelegenheit kommt wahrscheinlich nicht wieder. Können wir unser Treffen bitte auf nächste Woche verlegen? Du hast dann auch ein Essen bei mir gut."

Sicher ist es nicht beglückend, zu erfahren, dass einem anderen Menschen der Vorrang gegeben wird. Vielleicht sind Sie im Moment enttäuscht. Belogen zu werden, wird von den meisten allerdings als wesentlich schlimmer eingestuft und kann die Grundlage einer guten Beziehung, das Vertrauen, unwiderruflich zerstören.

⊃ Eigene Gefühlslage in den Vordergrund stellen

Um dem anderen nicht den Eindruck zu vermitteln, Ihr Nein läge in seinem Verhalten begründet, reden Sie lieber von sich. Stellen Sie Ihre eigene Situation in den Vordergrund. Zeigen Sie die Konsequenzen und Ihre negativen Gefühle auf, die bei Ihnen durch ein Ja entstehen würden:

Zum Beispiel, dass die Anreise für Sie als arbeitenden Menschen mit sehr viel Stress verbunden ist. Oder dass Sie am nächsten Morgen unausgeschlafen und unkonzentriert bei der Arbeit sind, wenn Sie auf die Kinder aufpassen.

⊃ Konsequenzen formulieren

Akzeptiert die andere Seite unser Nein immer noch nicht, sollten ab einem gewissen Punkt Konsequenzen benannt werden, die eine weitere Nichtsakzeptanz Ihres Nein mit sich bringen würde. Der Grat zwischen verbindlichen Vermitteln von Sachinformationen und aggressivem Drohen ist hier besonders schmal. Sie können Betonung und Stimmlage so einsetzen, dass Sie sich durchgängig auf der Sachebene bewegen. Behalten Sie diese Sachlichkeit bei, wirkt Ihr Nein an diesem Punkt zumindest neutral. Hier ein Beispiel:

„Ich möchte dieses Schreiben nicht haben, das Sie mir vor Ihrem Besuch zugeschickt haben. Wenn Sie mir in nächster Zeit wieder Informationsmaterial zuschicken, dann werde ich Ihre Schreiben an die zuständige Aufsichtsbehörde weiterleiten. Das möchte ich gern vermeiden."

In diesem Satz steckt sowohl das Potential zum freundlichen als auch zum unfreundlichen Nein.

⊙ Aussagen, die deutliche Konsequenzen zum Inhalt haben, wirken verbindlich, wenn Sie in mittlerer Lautstärke sprechen und die Stimme gleichmäßig heben und senken. Heben Sie im vorliegenden Beispiel bei dem Wort „Aufsichtsbehörde" Ihre Stimme, bekommt der ganze Abschnitt eine bedrohliche Komponente.

☉ Betonen Sie bei Begründungen auf der Sachebene die sachbezogenen, nicht die personenbezogenen Wörter. Lesen Sie den folgenden Satz zweimal laut vor. Betonen Sie dabei jeweils die kursivgedruckten Wörter und hören Sie für sich, was freundlicher und verbindlicher klingt:

a) „Wenn *Sie mir* in nächster Zeit wieder Informationsmaterial zufaxen, dann werde *ich Ihre* Schreiben an die zuständige Aufsichtsbehörde weiterleiten. Das möchte *ich* gerne vermeiden."

b) „Wenn Sie mir in nächster Zeit wieder *Informationsmaterial* zufaxen, werde ich Ihre *Schreiben* an die *zuständige Aufsichtsbehörde* weiterleiten. Das möchte ich gerne *vermeiden*."

Sprechen Sie den letzten Satz etwas langsamer. So zeigen Sie dem anderen, dass Sie an einem guten Ausgang interessiert sind. Sie mildern damit Ihre vorherige Aussage und die Ankündigung einer Konsequenz in keiner Weise ab, demonstrieren aber gleichzeitig guten Willen auf Ihrer Seite.

Sprechen Sie Konsequenzen aus, setzten Sie bewusst die Möglichkeiten Ihrer Körpersprache ein. Ein ausgestreckter Zeigefinger, heftiges Gestikulieren, Vorschieben des Kinns oder eine vorgebeugte Haltung sind Drohgebärden, die die Wirkung einer Aussage stark negativ beeinflussen. Achten Sie dagegen auf eine aufrechte, entspannte Körperhaltung und durchgehenden Blickkontakt, wirkt die Ankündigung einer Konsequenz immer noch verbindlich.

⊃ Suchen Sie nach einer Lösung

Um die enttäuschende Wirkung des Neins abzuschwächen, bieten Sie am besten direkt auf die Begründung Ihres Nein einen Ausweg oder eine Alternative an. Sollte man Ihren Vorschlag ablehnen, kann Ihnen niemand vorwerfen, Sie hätten sich keine Mühe gegeben.

⊃ Finden Sie ein gelungenes Ende

Das Gespräch sollte genauso positiv enden wie es begonnen hat. Der letzte Eindruck ist ebenso wichtig wie der erste und kann im Nachhinein die Erinnerung an den gesamten Vorfall nachhaltig prägen. Waren Sie während des ganzen Gespräches freundlich, bleibt nur dieses negative Ende im Gedächtnis hängen, und Ihre ganze Mühe war umsonst. Ein positiver Abschluss ist meist leicht zu finden:

⊙ sich für das nette, interessante, aufschlussreiche Gespräch bedanken.
⊙ Erfolg, Glück usw. für Kampagne, weitere Arbeit usw. wünschen.
⊙ Freude über erarbeitete Kompromisse, Lösungen, Einigungen deutlich machen.
⊙ tröstende oder aufmunternde Worte finden, wenn das Nein akzeptiert werden muss.

11.2 Wenn eigene Interessen Vorrang haben

Die nachfolgenden Beispiele beschreiben typische Alltagssituationen.

Nein sagen, wenn das Essen nicht schmeckt

‚Soll ich etwas sagen? Soll ich das Essen wirklich zurückgehen lassen? Zeige ich damit dem Gastgeber nicht, dass die Wahl des Restaurants nicht gut war? Aber das Essen ist doch ziemlich teuer.'

Sicher, wenn Sie den Kellner oder besser noch den Geschäftsführer an den Tisch zitieren und ihm dann eine Predigt über die miese Qualität des Essens oder des Restaurants halten, stellen Sie sowohl Gastgeber (sofern es einen gibt) als auch Mitarbeiter des Restaurant vor den anderen Gästen bloß. Wer das Gesicht verliert, fühlt sich rasch in die Ecke gedrängt und reagiert aggressiv oder abweisend.

Was stört?

Es kommt selten vor, dass das gesamte Essen nicht schmeckt. Bevor Sie das Essen kritisieren, überlegen Sie sich genau, womit Sie nicht zufrieden sind und welche Ansprüche Sie stellen können. Ist das Essen kalt aber sonst in Ordnung? Ist nur das Gemüse matschig, das Fleisch aber optimal gebraten? Sind Sie in einer einfachen Pizzeria, in der Artischocken aus der Dose auf der Pizza völlig in Ordnung sind, oder sind Sie in einem guten italienischen Restaurant, wo frische Ware ein Muss ist?

Diskretion und Korrektheit

Restaurants sind auf die Rückmeldungen ihrer Gäste angewiesen. Bitten Sie also den Kellner zu sich, schlagen Sie einen diskreten Ton an, so dass andere Gäste die Reklamation nicht mitbekommen.

Bevor Sie mit Ihrer Kritik loslegen, machen Sie eine positive Bemerkung über das, was Ihnen an dem Essen bisher gefallen hat. Das baut eine positive Brücke und lässt die Kritik weniger unangenehm werden. Beschreiben Sie dann sachlich, was an dem Essen für Sie nicht in Ordnung ist und vor allen Dingen, was Sie konkret anders haben möchten. Das erleichtert die Behebung des Ärgernisses. Achten Sie darüber hinaus auf eine zurückhaltende Körpersprache und einen freundlichen Gesichtsausdruck. Dadurch vermeiden Sie Konflikte und bleiben konstruktiv und sachlich.

Wenn der Vertreter klingelt

Stellen Sie sich vor, Sie haben einen freien Tag und genießen gerade in vollen Zügen Ihr zweites Frühstück, da klingelt es an der Tür. „Schönen guten Tag, mein Name ist Klaus Scherer. Sind Sie noch Kunde bei der Telefongesellschaft xy?" „Ja ..." „Na, dann sollten Sie jetzt einmal zuhören. Wir haben da nämlich ein sehr attraktives Angebot für Sie ..." Und dann legt er los, während hinter Ihnen Toast und Kaffee kalt werden.

Bevor Sie ihm die Tür vor der Nase zuschlagen oder bei Anrufern den Hörer auf die Gabel knallen, machen Sie sich bewusst, was für einen anstrengenden Job der andere hat. Von Ihrem eigenen Verhalten oder Ihrer eigenen Einstellung ausgehend können Sie sich denken, was die Vertreter so den ganzen Tag erleben. Diese Personen betreiben ihren Beruf nicht als Hobby, sondern um sich ihre Brötchen zu verdienen. Machen Sie es dem Menschen deshalb durch ein hartes Nein nicht so schwer.

Haben Sie Ihre Entscheidung getroffen, sollten Sie ihm das möglichst rasch deutlich machen.

Haben Sie innerlich das Nein schon formuliert, reden aber im Ententanz um Ihre Entscheidung herum, rauben Sie dem Vertreter oder Anrufer wertvolle Zeit, die er gewinnbringend in neuen Gesprächen nutzen könnte. Zudem geben Sie ihm durch Ihr Zögern immer wieder Hoffnungen, die Sie zum Schluss doch enttäuschen. Es ist auch nicht sehr freundlich, scheinbar Ja zu sagen und einen Abschluss zu unterschreiben, obgleich Sie innerlich bereits wissen, dass Sie den Vertrag am nächsten Tag direkt wieder kündigen möchten. Der Vertreter bekommt seine Provision oft nur, wenn Abschlüsse nicht innerhalb der 14-tägigen Frist storniert werden.

Treffen Sie am Ende klare Vereinbarungen. Beispielsweise, dass Sie über neue Produkte schriftlich oder telefonisch informiert werden möchten. Oder dass Sie frühestens in einem Jahr wieder Interesse an einem anderen Stromanbieter haben. Möchten Sie von dieser Firma keine Angebote mehr haben, vereinbaren Sie mit dem Firmenvertreter, Sie zukünftig nicht mehr zu kontaktieren bzw. Ihre Adresse aus dem Pool zu streichen. Firmen, die etwas auf sich halten, richten sich normalerweise nach diesen Wünschen, weil ein seriöser Ruf heute das A und O für den Erfolg eines Unternehmens ist.

Wenn das nicht der Fall sein sollte, müssen Sie deutlicher werden und Konsequenzen ankündigen. Achten Sie sehr auf die Art der Formulierung: Bleiben Sie ruhig und sachlich in Ihrem Tonfall. Auf diese Weise kündigen Sie lediglich die nächsten Schritte an, drohen aber nicht.

Bedanken Sie sich am Ende für sein Bemühen und wünschen ihm Erfolg für das weitere Tagesgeschäft. Zum einen ist das eine nette Geste, die nicht selbstverständlich ist, zum anderen mildern Sie durch eine herzliche Verabschiedung Ihr eigenes schlechtes Gewissen ab.

11.3 Wenn Wünsche nicht erfüllt werden können

Wer Ihnen in irgendeiner Form nahesteht, trägt auch Wünsche an Sie heran. Diese abzuschlagen fällt gerade bei engen freundschaftlichen oder familiären Bindungen nicht immer leicht. Trotzdem können und wollen Sie nicht immer Ja sagen. Nehmen Sie die hier ausgewählten Situationen für sich als Anregung, sich freundlich gegenüber anderen abzugrenzen, ohne die Beziehung zu trüben.

Freundlich Nein sagen zur emotionalen Erpressung

„Wie, Du möchtest am Wochenende nicht zum Kaffee kommen? Nie hast du Zeit für Deine Eltern. Man muss ja schon fast betteln, bis man etwas von Dir hört!"

Vorwürfe dieser Art kennen wahrscheinlich die meisten. Ob im Freundes- und Bekanntenkreis oder in der Familie, es gibt immer wieder Situationen, in denen psychischer Druck ausgeübt wird. Deshalb hier einige Methoden, wie Sie auch in solchen Fällen geschickt Nein sagen können:

Ein vorbereitetes Nein ist ein freundliches Nein

Planen Sie Ihr freundliches Nein langfristig. Das heißt: Wenn Sie über einen längeren Zeitraum Pluspunkte sammeln, nimmt man Ihnen ein Nein weniger krumm. Bei Personen, die in der Regel für ihre Freundlichkeit und ihr Engagement bekannt sind, wirkt ein Nein schon aufgrund ihres positiven Images freundlicher als beim notorisch griesgrämigen Neinsager.

Werden Sie selbst aktiv und melden sich regelmäßig von sich aus bei Eltern, Verwandten oder Freunden. Sagen Sie dann einmal ein Treffen ab, kann Sie niemand mit Vorwürfen überhäufen oder Ihnen emotional Druck (sprich: ein schlechtes Gewissen) machen.

Von sich erzählen

In einigen Familien gewinnt der Wunsch nach Kontakt zuweilen Überhand. Gerade in Großfamilien mit engem Zusammenhalt ergeben sich oft viele Verpflichtungen.

Wenn Sie Ihr Nein zu einem übermäßigen Kontakt zu Familienmitgliedern durch gezielte Vorbereitung freundlich gestalten wollen, erzählen Sie bei Besuchen viel von sich. Von Ihrer sehr auslastenden Arbeit, den familiären Verpflichtungen, den Schulproblemen der Kindern usw. Ohne jemanden durch ein hartes Nein vor den Kopf stoßen zu müssen, machen Sie auf diese Weise durch die Blume deutlich, wie wenig Zeit Ihnen für sich selbst bleibt. Wer halbwegs sensibel ist, wird darauf eingehen und Ihnen die Einladung zu der Geburtstagsfeier der 10-jährigen Nichte wahrscheinlich ersparen. Zumindest sollte er nach allem, was Sie von Ihren Verpflichtungen erzählt haben, Verständnis dafür aufbringen, wenn Sie eine Einladung ablehnen. Ihr Nein stößt so niemanden vor den Kopf, denn Sie können sich immer auf Ihre Berichte von letzter Woche beziehen und müssen keine plötzlichen Begründungen für Ihre Ablehnung konstruieren.

Wenn es um Geld geht

Jörg hat vor zwei Monaten eine sehr nette Frau, Sonja, kennen gelernt. Aus der Bekanntschaft war für ihn mehr geworden, und er fühlte sich im siebten Himmel. Sonja schien es ähnlich zu gehen, hatte sie doch einige Schicksalsschläge zu verkraften gehabt. Erst war ihre Firma bankrott gegangen, dann hatte sich auch noch ihr Lebensgefährte aus dem Staub gemacht. Aufgrund dessen bat Sonja Jörg um ein kleines Darlehen von 2.000 DM. Sobald Geld vom Arbeitsamt käme, würde sie es ihm natürlich sofort zurückzahlen. Jörg war in der Zwickmühle. Auf jeden Fall wollte er Sonja glücklich sehen, auf der anderen Seite schwamm er auch nicht gerade in Geld. Als er das Sonja vorsichtig versuchte beizubringen, reagierte sie sehr abweisend: „Denkst du nur an dich? Du erzählst doch immer, dass du für mich da sein willst. Jetzt brauche ich deine Hilfe. Aber wahrscheinlich bist du wie die anderen." Da Jörg diesen Vorwürfen nichts entgegenzusetzen hatte, gab er ihr das Geld. Einen schriftlichen Vertrag lehnte Sonja ab mit den Worten: „Du vertraust mir wohl nicht?" Sicher vertraute Jörg ihr, obwohl ihm im Innern nicht recht wohl bei der Sache war. Und wie es so kommt, die Verbindung brach kurz danach auseinander, weil der alte Lebensgefährte von Sonja wieder zurückkehrte. Jetzt konnte Jörg seinem Geld hinterherlaufen.

Wo Gefühle eine Rolle spielen, fällt ein Nein oft sehr schwer. Vertrauen, Abhängigkeiten oder andere Verpflichtungen führen nicht selten zu einem im Grunde nicht gewollten Ja, wenn es um das Verleihen von Geld geht. Trotzdem möchte oder kann man gerade solchen Wünschen nicht immer nachkommen.

Echtes Verständnis anstatt Mitleid

Wer im Bekanntenkreis um Geld bittet, dem geht es in den seltensten Fällen gut. Das Verleihen und Annehmen von Geld bringt zumeist irgendeine Form von Abhängigkeit und damit Ungleichgewicht in eine private Beziehung. Derjenige, der nimmt, gesteht eine deutliche Schwäche ein, denn der Besitz bzw. Nichtbesitz von Geld zeigt in unserer Gesellschaft oft den Status eines Menschen. Zeigen Sie deshalb dem Bittenden gegenüber echtes Verständnis für seine missliche Lage. Verwechseln Sie dabei aber nicht Verständnis mit Mitleid, denn bemitleidet werden wollen die wenigsten.

Persönliche Grundsätze

Gerade bei kleineren Geldsummen, die offensichtlich im Rahmen Ihrer finanziellen Möglichkeiten liegen, geben Sie am besten eine Erklärung, die in Ihrer eigenen Person begründet liegt. Sagen Sie, dass Sie grundsätzlich kein Geld verleihen. Beziehen Sie sich bei Ihrer Begründung auf Ihre Prinzipien, dann bezieht der andere Ihre Ablehnung nicht auf sich selbst. Man kann Ihnen auch nicht vorwerfen, Sie würden ihm nicht trauen. Stellen sie diesen Umstand ruhig noch einmal heraus, indem Sie ihm klar machen, dass Ihr Nein nichts mit ihm persönlich zu tun hat, sondern eine allgemeine Entscheidung ist, bei der Sie keine Ausnahmen machen.

11.4 Persönlichkeiten aus Familie und Bekanntenkreis mit Fallbeispielen

Wenn die Verwandtschaft starke A-Züge hat

Jetzt ist es schon 1.00 Uhr und Elke möchte ins Bett, aber Onkel Franz erzählt Geschichten. „Du, Onkel Franz", hebt Elke vorsichtig an, „es ist jetzt schon recht spät." „Ach was, Dein Onkel ist noch fit wie ein Turnschuh, mach dir mal keine Sorgen um mich. Habe ich übrigens schon erzählt ...?" Elkes Mann hat schon seit einer Stunde keinen Ton mehr von sich gegeben und schaut den Onkel aus halb geschlossenen Augen glasig an. „Kinder, ist das nicht ein schöner Abend?", schwärmt der Onkel, „So alle zusammen im trauen Kreis der Familie. Wisst ihr übrigens, was ich gestern erlebt habe?" Elke versucht es deutlicher: „Bitte Onkel, ich würde jetzt ganz gern ins Bett gehen." „Unterbrich mich doch nicht ständig. Du machst uns ja den ganzen Abend kaputt mit deinem Gejammer." Elke schluckt und schweigt. Gegen so viel Egoismus ist ja doch kein Kraut gewachsen.

Sagen Sie freundlich Nein zu egoistischen Verwandten

- ⊙ Zeigen sie deutlich Bedauern über deren Zustand. Betonen Sie dabei nicht Ihre eigenen Nachteile, sondern die Ihrer Gesprächspartner („Mensch ist das dumm. Da sitzen wir so nett zusammen, und ich bin so müde, dass mir die Augen bald zufallen. Tut mir wirklich leid.")
- ⊙ Sagen Sie Nein und schmeicheln gleichzeitig dem Ego des anderen: Stellen Sie heraus, was Sie aufgrund Ihrer Müdigkeit alles verpassen werden.
- ⊙ Geben Sie Aussicht auf weitere Treffen, wo der Verwandte wieder im Vordergrund stehen kann. Mit Aussicht darauf lässt sich das Nein zum jetzigen Zeitpunkt leichter verkraften. („Können wir unser Familientreffen ein andermal fortsetzen?")

Wenn der Nachbar stark ausgeprägte G-Züge hat

An allem und jedem hat Markus' Nachbar Herr Schell etwas zu mäkeln. Die Putzordnung werde nicht eingehalten, Tiere im Haus findet er unhygienisch, und die Kinderwagen im Flur passen ihm auch nicht – wegen der Fluchtwege. Dieses Mal ist Markus dran: „Hören Sie mal, Ihre Kinder gehen mir in letzter Zeit unglaublich auf die Nerven. Sorgen Sie bitte dafür, dass die draußen nicht mehr so laut spielen." „Aber das sind doch nur Kinder", versucht Markus einzulenken. „Dafür müssen Sie doch Verständnis haben. Haben Sie denn keine Kinder in der Verwandtschaft?" „Erstens geht Sie mein Privatleben nichts an und zweitens ist das Spielen draußen laut Hausordnung nicht ausdrücklich erlaubt." „Ja, aber wie soll ich das den Kleinen denn erklären?" „Das ist mir egal, ich möchte meine Ruhe haben." „Was sind Sie doch für ein Unmensch. Ich werde meinen Kindern gar nichts verbieten. Guten Tag." „Wir hören noch voneinander", hört Markus hinter sich, als er zu seiner Wohnung geht.

Sagen Sie freundlich nein zu hyperkorrekten Mitmenschen

⊙ Überraschen Sie solche Zeitgenossen und zeigen Sie zunächst Verständnis für den Ärger, ohne auf den Inhalt zu achten.

⊙ Nutzen Sie die Stärken des G-Typen und kommen Sie möglichst schnell auf die Sachebene. Versuchen Sie nicht, auf der Gefühlsebene Verständnis zu erzielen – für einen G-Typen sind das keine Argumente, die wirklich zählen.

⊙ Bieten Sie von sich aus Lösungen und Kompromisse an, über die Sie ausführlich gemeinsam diskutieren können. Zum Beispiel in der Mittagspause die Kinder nicht im Hof spielen zu lassen.

⊙ Lassen Sie sich auf die Welt dieses Menschen ein und schlagen Sie ihn mit seinen eigenen Waffen.

Wenn der Partner stark ausgeprägte E-Züge hat

„Begleitest du mich heute zu der Party?", fragt Heidi ihren Freund Bernd. „Ach nein, keine Lust." „Was hast du denn schon wieder? Das sind doch prima Leute da auf der Party." „Ach jetzt nerv mich doch nicht. Ich habe keine Lust. Außerdem kann ich die Typen da ohnehin nicht leiden." „Das sind zufällig meine Freunde, die auch dir damals beim Umzug geholfen

haben. Das hast du wohl völlig vergessen! Außerdem, was soll ich denn diesmal sagen, wenn du wieder nicht mitkommst?" Heidi fängt an zu weinen: *„Immer lässt du mich im Stich, wenn es drauf ankommt!"* *„Das langt jetzt. Ich lass' mich von dir doch nicht erpressen. Das Geheule kannst du dir sparen. Ich gehe da nicht hin. Basta."* Als Heidi das Haus verlässt, hat sie immer noch Tränen in den Augen. Bernd hat gewonnen, aber glücklich fühlt er sich nicht.

Sagen Sie freundlich Nein zu Gefühlsmenschen

⊙ Nehmen Sie Rücksicht und zeigen Sie Verständnis für die Gefühle des anderen, auch wenn man diese Situation selbst gar nicht so dramatisch sieht. Für den anderen ist sie dramatisch.

⊙ Nutzen Sie intensiv die Technik des aktiven Zuhörens. Indem Sie den emotionalen Gehalt der Aussage zurückgeben, schaffen Sie Nähe. Stellen Sie gleichzeitig heraus, wie unangenehm es für Sie ist, etwas zu tun, was Ihnen keinen Spaß macht. Für Gefühlsmenschen sind das oft wichtige Argumente.

⊙ Zeigen Sie, dass Sie den anderen immer noch mögen, auch wenn Sie ihm jetzt einen Wunsch abschlagen. In diesem Fall hätte Bernd seine Freundin in den Arm nehmen können, um ihr zu zeigen, dass die Absage nichts mit ihr zu tun hat.

⊙ Formulieren Sie Lösungen oder Alternativen, die direkt auf die Gefühlsebene abzielen. Zum Beispiel, was Sie ein anderes Mal mit dem Partner zusammen tun können, an dem sie beide Spaß haben.

12 Das 4-Wochen-Programm

In diesem Buch sind bisher eine Vielzahl Strategien, Tipps und Hinweise für die unterschiedlichsten Bereiche gegeben worden, wie Sie Ihr Nein freundlich und verbindlich formulieren können. Wie bei einer guten Diät ist es günstig, mit einer klaren Strategie an die Sache heranzugehen. Wer alles auf einmal machen möchte, fühlt sich möglicherweise schnell frustriert, wenn sich der Erfolg nicht direkt einstellt.

Um eine solche Frustration zu verhindern, ermöglicht Ihnen das 4-Wochen-Programm Schritt für Schritt und mit System die Kunst zu erlernen, freundlich Nein zu sagen.

Das 4-Wochen-Programm können Sie ganz nach Ihrem Belieben handhaben. Vielleicht reicht bei Ihnen bereits ein kürzerer Zeitraum, um damit zum Erfolg zu kommen. Vielleicht benötigen Sie aber auch mehr Zeit, weil Sie sehr viele Bereiche angehen und einige grundlegende Dinge an Ihrem Verhalten ändern möchten. Das Programm können Sie so flexibel gestalten, wie Sie es möchten.

Das 4-Wochen-Programm baut auf dem Inhalt des Buches auf. Daher ist es sinnvoll, erst nachdem Sie die ersten Kapitel gelesen haben, mit dem Programm zu beginnen.

12.1 Aufbau des 4-Wochen-Programms

Das Programm besteht aus den vier Bausteinen:
- Analyse
- Strategie-Entwicklung
- Umsetzung
- Rückfall-Verhinderung

Die Reihenfolge dieser Bausteine sollten für einen optimalen Erfolg eingehalten werden. Die Bausteine lassen sich selbstverständlich auch gleichzeitig anwenden. Das Programm bietet Ihnen einen Rahmen, den sie selbst mit Inhalt füllen können.

In der **ersten Woche** liegt der Schwerpunkt auf der Analyse. Mit Hilfe eines Tagebuches erfassen Sie eine Woche lang alle Situationen, in denen es Ihnen beim Nein sagen schwer fällt, freundlich, gelassen und sicher zu bleiben. Die Phase der Analyse kann auch länger dauern, aber eine Woche lang sollten Sie das Tagebuch schon führen, um einen guten Überblick zu erhalten. Sie können sich dafür einfach die Tagebuch-Vorlage aus diesem Buch kopieren. Mit einem Auswertungsbogen können Sie am Ende der Woche Ihr eigenes Tagebuch hinsichtlich Ihrer Schwerpunkte auswerten und Ziele formulieren.

Die **zweite Woche** dient dazu, eine oder mehrere Strategien zu entwickeln, wie Sie die Kunst des Nein sagens weiter verbessern können. Angelehnt an die allgemeine Problem-Lösestrategie gehen Sie in dem Programm auf mehreren Ebenen vor. Wenn es Ihnen nicht leicht fällt, einen Wunsch abzuschlagen, überlegen Sie sich sowohl auf der Ebene der Rhetorik, der Körpersprache, des Verhaltens, des eigenen Denkens und der Entspannung, wie Sie am geschiktesten vorgehen möchten. Wenn Sie weniger als eine Woche dafür brauchen, können Sie direkt die nächste Phase beginnen.

Ab der **dritten Woche** geht es dann los. Was auf dem Schreibtisch ausgearbeitet wurde, kann jetzt in die Tat umgesetzt werden. Um hier Erfolg zu haben, ist das Programm so aufgebaut, dass Sie zuerst mit Situationen anfangen, die Ihnen leicht fallen. In das Tagebuch zu dieser Phase verzeichnen Sie Ihre Erfolge, aber auch Punkte, an denen Sie Ihr Vorgehen optimieren möchten.

In der **vierten Woche** haben Sie an den leichteren Situationen bereits gut geübt und Ihr Erfolgskonzept verfeinert. Deshalb sind Sie jetzt in der Lage, sich an schwierige Situationen heranzuwagen. Die Motivation und die anfängliche Begeisterung lässt meist nach ein paar Wochen spürbar nach.

Um diesem Phänomen vorzubeugen, können Sie in der vierten Woche anhand eines Motivationsbogens für sich kleine Belohnungen festlegen, wenn Ihnen das freundliche Nein besonders gut gelungen ist. Auf der anderen Seite legen Sie hier auch entsprechende Maßnahmen für sich fest, wenn Ihnen etwas noch nicht gelungen ist.

	Allgemeine Strategie	Umsetzung
1. Woche	1. Sammeln relevanter Informationen. 2. Problemdefinition und Zielformulierung	Tagebuch I Situationsanalyse Hierarchiebildung Zeitplan
2. Woche	3. Sammeln von Lösungsmöglichkeiten. 4. Bewerten der Ideen. 5. Auswahl der besten Ansätze.	Strategieplanung Rhetorik Körpersprache Neue Denkmuster Anti-Stress
3. Woche	6. Umsetzung. 7. Rückblick und Bewertung der Folgen.	Tagebuch II Erfolgsanalyse Korrektur
4. Woche	8. Einsatz der Strategie in schwierigen Situationen. 9. Rückfallverhinderung.	Tagebuch II Selbstmotivation

Was das 4-Wochen-Programm leistet

Nach Ablauf dieser vier (oder auch mehr) Wochen sollten Sie in der Kunst des freundlichen Nein sagens ein großes Stück weitergekommen sein. In vielen Situationen wird es Ihnen viel leichter gelingen, freundliche statt harte Worte zu gebrauchen oder sich deutlicher abzugrenzen.

Bitte erwarten Sie aber nicht, dass es ab jetzt für Sie keine Probleme mehr mit dem Nein sagen geben wird. Umdenken braucht oft viel Zeit, Entspannungsmethoden müssen je nach „Vorbildung" lange geübt werden, bis sie richtig sitzen, und Selbstsicherheit gelingt nicht immer von heute auf morgen.

Nach Durchführung des Programms haben Sie die Grundlage, weiter an Ihrem Verhalten zu arbeiten und die Dinge, die Sie weiterhin verändern wollen, auch langfristig anzugehen. Vielleicht stellen Sie aber auch fest, dass es Ihnen in keiner Wiese gelingt, ein Nein ohne Aggression zu formulieren, beziehungsweise ein Nein überhaupt zu äußern. Manchmal reichen die Ursachen für ein bestimmtes Verhalten sehr tief. Deshalb sollten Sie sich nicht scheuen, an diesem Punkt professionelle Hilfe im Rahmen von Seminaren oder Coaching in Anspruch zu nehmen.

12.2 Durchführung des Programms

1. Woche

1. (Orientierungsphase) Sammeln relevanter Informationen. 2. Problemdefinition und Zielformulierung.	⊙ Tagebuch I ⊙ Situationsanalyse ⊙ Hierarchiebildung ⊙ Zeitplan (Zwischen- und Endziele)

Tagebuch

Bevor Sie Ihr Verhalten ändern, sollten Sie als ersten Schritt für sich feststellen, was Sie überhaupt verändern wollen. Tagebücher eignen sich hervorragend dafür, sich besser kennen zu lernen und das eigene Verhalten schwarz auf weiß vorliegen zu haben.

Nein-Sage-Tagebuch I

Datum: _____

Situationen, in denen mir ein freundliches Nein schwer fiel
In Stichworten: Wo, warum, beteiligte Personen?

1. _____

_____

2. _____

_____

3. _____

_____

Wie habe ich mich dabei gefühlt?

z. B. ängstlich, wütend (auf mich/auf andere), nervös, unsicher, unruhig, angespannt, unterlegen, frustriert, überfordert, hilflos, verzweifelt, gekränkt

1._____

_____

2._____

_____

3._____

_____

Wie waren meine körperlichen Reaktionen?

z. B. Schwitzen, Herzklopfen, Bauchschmerzen, Zittern, Übelkeit, trockener Mund, Atemprobleme, Stottern, Verkrampfen u.a.

1._____

_____

2._____

_____

3._____

_____

Was habe ich dabei gedacht?

z. B. ‚Ich schaffe das nie, ruhig zu bleiben‘, ‚Wenn ich Nein sage, flippt die aus!‘, ‚Da steckt doch Absicht dahinter.‘

1._____

_____

2._____

_____

3._____

_____

Was habe ich gemacht?

z. B. den anderen beschimpft/angeschrieen, nachgegeben, herumge-
stammelt, Feld geräumt, auf den anderen zugegangen

1._____

_____

2._____

_____

3._____

_____

Bestimmen Sie Ihre Ausgangssituation

Wenn Sie Ihre Tagebücher auswerten, prüfen Sie, wie Sie sich in den Nein-
Sage-Situationen verhalten haben. Auf diese Weise können Sie feststellen, in
welchen Situationen Sie mit einem harten, aggressiven Nein reagieren und in
welchen Situationen Sie zum Tanz um den heißen Brei neigen.

Sie sehen auch, wann es Ihnen leicht fällt, ein freundliches, verbindliches
Nein zu formulieren. Genauso sehen Sie, wann es nahezu unmöglich ist, beim
Nein sagen ruhig, gelassen und freundlich zu bleiben.

Um einen systematischen Überblick zu erhalten, tragen Sie am besten die
Ergebnisse aus Ihren Tagebüchern in die folgende Tabelle ein. Achten Sie darauf, möglichst nur solche Reaktionen einzutragen, die immer wieder aufgetre-
ten sind. Auf diese Weise haben Sie Ansatzpunkte, für einzelne Situationen
ganz gezielt eine Strategie zu entwickeln.

Rangfolge der Schwierigkeitsgrade

Wenn Sie in dieser Tabelle eintragen, welche Situationen Ihnen besonders
schwer bzw. nicht so schwer gefallen sind, haben Sie Ansatzpunkte, Ihre Strategie nach Schwierigkeitsgraden zu entwickeln. Stürzen Sie sich zu Beginn direkt auf die schwierigste Situation, kommt es schnell zu frustrierenden Misserfolgen. Sortieren Sie deshalb die Situationen nach Ihrem persönlichen Schwie-
rigkeits-Empfinden. Fällt es Ihnen schon relativ leicht, Ihre Kollegen darum zu
bitten, im Büro nicht zu rauchen, oder platzt Ihnen manchmal noch der Kra-

gen, wenn Sie es immer und immer wiederholen müssen? Fangen Sie dann am besten mit genau dieser Situation an. Für ein Vorwärtskommen und Durchhalten ist nichts motivierender als ein schnelles Erfolgserlebnis.

Setzen Sie sich Ziele

Bevor Sie anfangen, irgendetwas zu verändern, sollten Sie sich darüber im Klaren sein, was Sie erreichen wollen. Bleiben Sie immer kritisch und überlegen Sie, welche Ziele realistisch zu erreichen sind. Setzen Sie sich die Ziele nicht so hoch, dass Sie sie kaum erreichen können. Das ist auf Dauer, wie überall im Leben, sehr frustrierend und nimmt Ihnen schnell die Lust am Weitermachen.

Sie haben sich zum Beispiel vorgenommen, sich gegen jede ungerechte Anweisung vom Chef freundlich, aber standhaft zur Wehr zu setzen. Bisher haben Sie es jedoch noch nicht einmal geschafft, auch nur Widerworte zu geben. Dann ist die Chance groß, dass Sie bei so einem hohen Ziel keinen Erfolg haben werden. Wenn Sie sich aber vornehmen, im nächsten halben Jahr das Ausmaß an Mehrarbeit auf ein bestimmtes Maß zu reduzieren, können Sie das durchaus erreichen.

Wenn Sie sich tatsächlich ein großes Ziel setzen, motivieren Sie sich selbst dadurch, dass Sie Teilziele formulieren. So wird jeder kleine Schritt zu einem Erfolg, den Sie als bewältigt abhaken können.

Übrigens: Je präziser Sie die Ziele formulieren, desto genauer können Sie Ihren Erfolg bewerten. Schreiben Sie sich deshalb nicht nur grob auf, dass Sie sich nicht mehr die Überstunden Ihrer Kollegin aufhalsen, sondern überlegen Sie, in welchem Zeitraum und in welchem Ausmaß Sie dies erreichen wollen.

Tagebuchanalyse

Rang-folge	Situationen	Häufigste Gedanken	Häufigste Gefühle	Häufigste körperliche Reaktionen	Ziele
❏					
❏					
❏					
❏					
❏					
❏					

2. Woche

3. Sammeln von Lösungsmöglich-keiten. 4. Bewertung der Ideen. 5 Auswahl der besten Ansätze.	⊙ Strategieplanung ⊙ Rhetorik ⊙ Körpersprache ⊙ Neue Denkmuster ⊙ Anti-Stress

In dieser Woche entwickeln Sie Ihre Strategien.

Das folgende Arbeitsblatt können Sie sich wieder kopieren und als Schema für jede einzelne Situation neu verwenden.

Überlegen Sie sich bitte für jede einzelne Situation, welche rhetorischen Maßnahmen (z. B. mehr aktives Zuhören), körpersprachlichen Elemente, Verhalten (z. B. aktiver auf Kunden zugehen), Entspannungsstrategie und welche alternativen Gedanken Sie in der für Sie schwierigen Nein-Sage-Situation anwenden können. Sammeln Sie zu jedem Punkt mehrere Alternativen – Ihrem Einfallsreichtum sind hier keine Grenzen gesetzt.

Im nächsten Schritt bewerten Sie Ihre Ideen. Prüfen Sie, welche Strategie realistisch ist und den meisten Erfolg verspricht. Sie können Ihre Bewertungen in den Kästchen innerhalb der einzelnen Zellen vornehmen. Die nach Ihren Erwägungen günstigste Strategie markieren Sie sich: Das ist jetzt Ihr Plan!

Situation: _____ **(Rang____)**

Situationen	Körpersprache	Verhalten	Anti-Stress	Eigene Gedanken
☐	☐	☐	☐	☐
☐	☐	☐	☐	☐
☐	☐	☐	☐	☐
☐	☐	☐	☐	☐

3. Woche	
6. Umsetzung. 7. Rückblick und Bewertung der Folgen.	⊙ Tagebuch II ⊙ Erfolgsanalyse ⊙ Korrektur

Wenn Sie sich gründlich vorbereitet haben, sollte es Ihnen nun auch gelingen, Ihre Pläne in die Tat umzusetzen. Fangen Sie bei der Umsetzung wieder da an, wo Sie am leichtesten mit direkten positiven Folgen rechnen können. Haben Sie viel Kundenkontakt, bietet sich dort die Umsetzung Ihrer Strategie an. Ihr Kunde wird es Ihnen danken.

Um Ihre Erfolge festzuhalten und gegebenenfalls das eine oder andere Verhalten zu korrigieren, haben Sie wieder die Möglichkeit, ein Tagebuch zu führen. Für jeden Tag gibt es einen Tagebuchbogen, den Sie sich aus diesem Buch kopieren können.

In diesem Tagebuch halten Sie fest, in welchen Situationen Sie versucht haben, ein freundliches Nein zu formulieren und wie Sie den jeweiligen Erfolg Ihrer Maßnahme einstufen. Zudem halten Sie fest, welche Strategien Sie tatsächlich angewendet und welche Sie vielleicht noch spontan beigefügt haben.

Mit Hilfe dieses Protokolls halten Sie schwarz auf weiß Ihre Erfolge fest und können Ihr Verhalten gezielt korrigieren. Was Sie schriftlich festgehalten haben, geht nicht verloren. Sie behalten den Überblick und gewinnen zu eventuellen Misserfolgen einen besonnenen Abstand.

Das ist besonders wichtig, wenn Sie anfangen, Ihre Ideen umzusetzen. Was am grünen Tisch ausgedacht wurde, sieht leider manchmal in der Realität ganz anders aus.

Nein-Sage-Tagebuch II

Datum: _____

Situationen, in denen Sie freundlich Nein gesagt haben.
In Stichworten: Wo, warum, beteiligte Personen?
1._____
2._____
3._____

Welche Strategien konnte ich einsetzen?
Rhetorisch   Verhalten
1._____   1. _____
2._____   2. _____
3._____   3. _____

Körpersprache   Anti-Stress
1._____   1. _____
2._____   2. _____
3._____   3. •_____

Wie gut ist das freundliche Nein gelungen?

1. Gar nicht   1----------2----------3----------4----------5   optimal
2. Gar nicht   1----------2----------3----------4----------5   optimal
3. Gar nicht   1----------2----------3----------4----------5   optimal

Was möchte ich das nächste Mal anders machen?

1._____

_____

2._____

_____

3._____

_____

4. Woche

8. Einsatz der Strategie in schwie- rigen Situationen. 9. Rückfallverhinderung.	⊙ Tagebuch II ⊙ Selbstmotivation

Nachdem Sie in der dritten Woche Ihre Strategien in den leichteren Situationen getestet und verbessert haben, können Sie sich nun die schwierigen vornehmen. Gehen Sie hier wieder wie gewohnt mit dem Tagebuch vor.

Es kann Ihnen passieren, dass nicht direkt alles so verläuft, wie Sie es sich vorgestellt haben. Vielleicht gibt es erste Rückschläge, mit denen Sie nicht gerechnet haben.

Sich zu verändern und vielleicht lieb gewordene Verhaltensweisen aufgeben, ist nicht immer so leicht wie es den Anschein hat. Beim freundlichen Nein sagen ist das nicht anders. Im Laufe der Zeit haben Sie sich ein bestimmtes Verhalten angewöhnt, das auf Ihren Werten, Ihren Erwartungen und Ihren Erfahrungen beruht. Mit einem schnellen Ja lassen sich kurzfristig sehr unangenehme Folgen oft sehr erfolgreich vermeiden. Wer plötzlich anfängt Nein zu sagen, muss erst eine Durststrecke überwinden, um langfristig die Früchte seiner Arbeit zu ernten. Auch mögen neue Verhaltensweisen für Ihre Umgebung ungewöhnlich und unerwartet sein. Denken Sie daran, dass auch Ihre Umgebung sich erst an Ihr neues Verhalten gewöhnen muss.

Nach nur drei Wochen sind Sie aber schon sehr weit gekommen. Es wäre doch zu schade, wenn Sie jetzt einfach aufgäben. Schließlich wollen Sie Ihre Erfolgsspirale in Gang setzen. Aus diesem Grund ist die Selbstmotivation ein weiteres Thema der vierten Woche.

Selbstmotivation

Wer freut sich nicht, wenn er gewonnen hat? Für einige ist der Erfolg an sich bereits Lohn. Für andere ist das Misslingen schon die höchste Strafe. Um wieviel schöner wird aber der Sieg, wenn zudem noch eine Belohnung in Aussicht steht?

Aus diesem Grund können Sie für die wichtigen Situationen Ihre Belohnungen für ein gelungenes, freundliches Nein selbst festlegen.

Ihre Konsequenzen sollten Sie aber noch abstufen. Wenn Ihnen das freundliche Nein optimal gelungen ist, sollten Sie sich auch etwas Besonderes gönnen. Wenn Sie mit Ihrem Nein schon ganz zufrieden sind, aber für sich selbst noch Steigerungsmöglichkeiten sehen, dann belohnen Sie sich etwas weniger. Und so weiter.

Was ist, wenn Sie mit Ihrem Ergebnis überhaupt nicht zufrieden sind? Halten Sie fest, dass Sie dann etwas tun, was Ihnen weniger behagt. Auf diese Weise werden Sie daran erinnert, sich das nächste Mal doch an die eigenen Strategie zu halten.

Auch hier gilt wieder: Wenn Sie Ihr Vorhaben schriftlich festhalten, ist die Verbindlichkeit größer, als wenn Sie es sich nur vornehmen.

Selbstmotivation

Freundlich Nein sagen	Meine Konsequenzen
Eigenen Anspruch erfüllt:	1. _____
	2. _____
	3. _____
Eigenen Anspruch nicht erfüllt:	1. _____
	2. _____
	3. _____

Viel Erfolg!

Kennen Sie den ...?